बच्चों का संसार

बच्चों का संसार

संकलन
यशस्वी
सृजन संपादन
दिनेश धर्मपाल

नमन प्रकाशन
नई दिल्ली - 110002

पहला संस्करण : 2018

ISBN : 978-81-8129-782-2

ISBN 81-8129-782-2

9 788181 297822

नमन प्रकाशन

4231/1, अंसारी रोड, दरियागंज,

नई दिल्ली-110002

फोन: 23247003, 23254306

श्री नितिन गर्ग द्वारा नमन प्रकाशन के लिए प्रकाशित तथा
एशियन ऑफसेट प्रिंटर्स, मौजपुर, शाहदरा, दिल्ली में मुद्रित।

Bacho Ka Sansar
Editor **Dinesh Dharampal**

पृशा, आश्वी और दुनिया
भर के समस्त
बच्चों के लिए......

अनुक्रम

1
बच्चों का संसार

I

बच्चों का संसार उसका स्कूल है, उसका प्राथमिक स्कूल, उसका नर्सरी स्कूल। गाँव का, कस्बे का, शहर, नगर, महानगर का। जहां उसके भीतर उपजती हैं कविता, गीत की पँखुड़ियां। जो वस्तुतः बाहर नहीं उसके भीतर प्रचुर रूप से, अंतरंग रूप से विद्यमान होती है। बच्चा बाहर के समस्त दृश्यों का अवलोकन कर पुलकित होता है। वह सवाल करने लगता है। जिज्ञासाओं की झड़ियां लगने लगती हैं। शिक्षक, अभिभावक के पसीने छूटने लगते हैं। वह हर उत्तर को लेकर हामी भर दे, ऐसा नहीं। वह तो एक और सवाल दाग देता है। उसका जिज्ञासु मन यूं परास्त ही तो हर उत्तर प्रत्युत्तर को स्वीकार नहीं करता। पर 'माँ' के समक्ष बच्चा परास्त हो जाता है। पता नहीं माँ को कैसे सूझ जाता है प्रश्न का उत्तर? यह एक पहेली है, माँ के मज़हब से जुड़ी पहेली। इसका रहस्य माँ भी नहीं जानती। यशोदा झूठे आंसू बहाती है। वह उसकी शरारतों का बुरा मनाने का स्वांग भर करती है। मार पाती है कान्हा को! अपने लाडले को! ठगी-ठगी रह जाती है यशुमती मैया। कहां बांध पाती है डोरी से अपने लाडले को। उसकी झिड़की में भी ढेर सारा प्यार है। निस्वार्थ, असीम, अपरिमेय प्यार! जिसका न आदि है, न अंत। खीझ-खीझ में, झिड़की के स्वरों में सारा मक्खन खिला देती है उसे। मीठा मक्खन स्नेह के अमृत से सींचा मक्खन। बच्चे के मन की मुराद पुरी हो गई, माँ संतृप्त हो गई। खीझ खीझ में, झिड़क झिड़क में स्नेहिल प्रेम का वर्षा 'माँ' ही बरसा सकती है।

बच्चे का संसार प्रथमतः 'माँ' से जुड़ा है। फिर उस स्कूल से जुड़ा है, जिस जगह पर वह स्थित है। भले ही खपरैल से आच्छादित। पर एक पूरे विश्व की उपस्थिति दर्ज कराता है। यह स्कूल, जो बच्चे के भविष्य की बुनियाद है। उसके नन्हें कदमों का प्रारंभिक सफर है। जहां उसे अपने जैसे अंगी-संगी मिलते हैं। तुतलाते। सवाल करते। सबकी रूचियां अपनी-अपनी। सबके सवाल अपने-अपने। जो मन में आया, टीचर से पूछ लिया। बच्चा टीचर को भी हरकत में डाल देता है।

वह गरीब का बच्चा है तो क्या? वह भी ऊंचाई फांदना चाहता है। वह भी सपने देखता है। बर्फ के मीठे गोले को देख वह भी ललचाता है। वह नंगे पैरों, फटे कपड़ों, चोते नाक, छिपड़ लिए आंखों से तरक्की के सारे सोपान एक साथ चढ़ना चाहता है। कोई भी भय उसे आतंकित नहीं कर सकता। कोई भी बाधा मुंह फुलाए उसके रास्ते में खड़ी नहीं हो सकती। वह हर उस बात को झुठलाता है, जो उसके इरादे को डिगमगाती हो। वह उन अहं के पर्दों को हटाने को आतुर हुआ दिखता है, जो उसे आगे बढ़ने से रोकते हैं। वह जात-पात, मज़हब की उकेरी गई सारी संकीर्ण दीवारों का पटाक्षेप करता दिखता है।

संकीर्णता बच्चे का मज़हब नहीं। संकीर्णता बच्चे की जात नहीं। संकीर्णता बच्चे की पहचान नहीं। इसका विषबीज उसके मस्तिष्क में नहीं। उसके मस्तिष्क में तो सुरभित भावों का एक संसार है। उसके मस्तिष्क में तो कोयल की कूक गूंजती है। रंग-बिरंगी तितलियों, रंग-बिरंगे फूलों पर डेरा जमाती हैं। उसके मस्तिष्क में तो मंदिर, मस्जिद, गिरजे, गुरूद्वारे बारी-बारी आते हैं। सब अच्छे लगते हैं। उसे अपने साथी अलि के घर की सेवैंया खानी अच्छी लगती है। उसे अपने साथी बंते के घर का हलवा खाना अच्छा लगता है। उसे अपने साथी जॉन के घर की जैली अच्छी लगती है। वह सबको यमी यमी कहता है। कवि उसके यहीं से तो शब्द चुराता है, भावों का, अनगिनत भावों का संसार चुरा, कविता लिखता है। कविता कवि की कहां की होती है। वह तो बच्चे की होती है। उसकी मासूमियत की होती है। जिसमें न छद्‌म होता है, न दूई का स्वर। बच्चा कविता के जिन शब्दों को गुनगुनाता है, उनसे सरस प्रेम बरसता है। निर्झरिणी प्रवाहित होती है। उसी से होकर मौसम गुजरते हैं। छोटे बड़े हो जाते हैं। बड़े सनकी हो जाते हैं। बच्चे-बच्चे रहते हैं। बड़े बिगड़ैल हो जाते हैं। उनका मज़हब हो लेता है, जात-पात हो जाती है। उनके मस्तिष्क मनोमालिन्य के अभिशाप से प्रदूषित हो जाते हैं।

कैसी विडम्बना है बड़े छोटों को अच्छी चीज के लिए टोकते भी हैं, रोकते भी हैं, धिक्कारते भी हैं और मारते भी हैं। क्यों करते हैं ऐसा? बच्चे में अच्छाई का विकास क्यों नहीं होने देते? बच्चे में इस बात का आभास क्युं दिलाते हैं कि तुम क्या हो? क्या नहीं हो? तुम हिंदू हो, मुसलमान नहीं हो, क्रिस्तान नहीं हो। तुम सवर्ण हो, असवर्ण नहीं हो। तुम मैदानी हो, पहाड़ी नहीं हो। तुम शहरी हो, देहाती नहीं हो। बच्चा तुतलाती जुबान में पूछता है : क्या ये आदमी नहीं होते?

जीवन के प्रारंभिक चरण में बच्चे को यह स्वयं अनुभूत क्यों नहीं करने दिया जाता कि वह क्या है? उसे क्या होना है? उसे क्या बनना है? क्या गांव, शहर सब

उसके नहीं हैं? क्या सारे मज़हब उसके नहीं हैं? क्या सारे तीज़-त्यौहार उसके नहीं हैं? क्या दीवाली के दीप उसके नहीं हैं? क्या ईद की रीत उसकी नहीं है? क्यों न चखे वह गुरूपर्व के प्रसाद का गर्म-गर्म, मीठा-मीठा देसी घी का हलवा? क्यों न चखे वह ईद की मीठी सेवैया? क्या उसे सबमें विचरने का मौका नहीं दिया जा सकता? क्या आंगन का पहरा जरूरी है? बड़े को छोटे को अपनी जमीन तलाशने का अधिकार तो देना चाहिए। इससे हिंदू या मुस्लिम का, गांव का या कस्बे का बच्चा कैसे छोटा पड़ जाएगा?

बच्चे को अपनी तरह के कैनवास पर चित्रकारी करने दीजिए न। अपनी पसंद की दुनिया सृजित करने दीजिए न! सच मानिये वह बड़ों की दुनिया से बेहतर होगी। उसे पुतली का नर्तन, नाटक सब देखने दीजिए। उसे जलतरंगों से खेलने दीजिए। उसे मिट्टी की सौंधी गंध से सरोबार होने दीजिए। उसे डुगडुगी बजाने दीजिए। उसे गत्ते के टुकड़े के मुखौटे बनाने दीजिए। उसे बेढंगे-बेतरतीब सवाल पूछने दीजिए। रे' बड़ी उम्र के मानव! इस नन्हें से बाल मानव के सृजन में बाधा मत बन। तुमने जो सीख लिया, उसका परिणाम है टर्की के समुद्र के तट पर मुस्कुराहट बिखेरता, चिर-शांत नन्हा एलन कुर्दी। जो अब नहीं है। चार्ली हैब्दो! देख लिया तुम्हारा मज़हबी चेहरा। तुमने बच्चे की चिरनिद्रा में सो चुकी मुस्कुराहट को आखिर धर्म के तराजु पर तोल ही लिया न! ऐसी एकांगी ही है तुम्हारी अभिव्यक्ति की स्वतंत्रता। तुमने बच्चे में क्रिस्तान या मुसलमान ही तलब किया। बालपन की अटखेलियां, मुक्त हंसी नहीं ढूंढ सके तुम। जिसे समुद्र की लहरों ने लील लिया, उसमें भी रंग-भेद तलाशते हो तुम! आखिर वह अशांत धरती को ही तो त्यागना चाहता था। त्याग दिया उसने सदा सर्वदा के लिए। लो तुम ही संभालो धरती की इस अधकचरी विरासत को।

एलन चला गया। बड़ों को एक नसीहत दे गया : रे' बड़ी उम्र के नासमझ आदमी ये जो हथियार तुमने थाम रखा है, उसे समुद्र के अन्तस में फेंक आ। वहीं इसकी सही जगह भी है। इस धरती की सुशोभा को मत उजाड़। हरीतिमा को दागदार न कर। नीलिमा को तार-तार न कर। कविता की पंखुड़ियों को न रौंद। लाल रंग की जगह श्वेत, हरे, बैंगनी, बादामी रंगों को भी परख कर देख। देख एक बच्चा तुम बड़ो से कुछ विनति स्वरों में कुछ कहना चाह रहा है। उसे सुनने की आदत डाल। उसकी आड़ी तिरछी उकेरी लकीरों में छिपी मस्ती को समझने की तनिक कोशिश कर।

बड़ा हुआ तो क्या हुआ। जैसे पेड़ खजूर। जो छाया नहीं दे सकता वह पेड़ कैसा? रे' अन्जान मानव! बच्चे को बड़े के खिलौने से न खेलने दे। उसके हाथ में

डफली दे, डुगडुगी दे, बांसुरी दे, बॉयलन दे, जाइलोफोन दे, एकतारा दे – कदाचित खेलने वाली बंदूक न दे। यह भविष्य में इससे क्या खेल खेलाएगी, क्या इस बात का अंदाजा भी है तुम्हें? बच्चे को दूसरे को ढेर करने वाली, मारने वाली, दुत्कारने वाली भाषा न दे। हो सके तो उसमें सबमें स्वयं को तलाशने की कला दे। स्वीकारने की कला दे। मरना, मारना बहुत हो चुका। थोड़ा तूं भी बच्चे की तरह गुनगुना। अपनी सोच को सीमित न कर।

सरिता का जल ऐसे ही बहते रहेगा। उसे बहना ही है। यह उसका धर्म है। यही कर्म है। इसी में संतोष है। इसी में संप्राप्ति का सुख। इसी क्रम में बच्चे को अपने बचपने को अभिव्यक्त होने दे। उसे शब्दों की आशुरचना गढ़ने दे। उसे झुनझुने तुरहियों की सी आवाजें निकालने दे। उसे परिवेश के पंछियों से रिश्ता जोड़ने दे। उसे विदुषक रथ में सजने-संवरने दे। उसे मंजीरे बाजने दे। उसे बांसुरी के कोरों पर हाथ चलाने दे। उसे छाया-चित्रों को गढ़ने भी दे और रंगने भी। वह ऐसा नहीं करेगा तो क्या समस्त दृश्यावलियों पर कालिखी नहीं पुत जाएगी क्या?

स्वाभाविक प्रश्न है कि बाल-विकास के प्रारंभिक प्रयास पर अर्गलायें क्युं? बच्चे के स्वाभाविक स्तर के विकास पे अर्गलायें क्युं? उनके प्राकृतिक अंकुरण पे अर्गलायें क्युं? उन्हें अपनी कार्यशैली में विकसने देने के अवसर क्युं नहीं? जापानी बच्चा गर चार फुटी लम्बी पुतलियों से जी बहला सकता है, जापानी बैंजों बजा सकता है, फिर भारतीय बच्चा खाली चोर-सिपाही का खेल क्यों खेले? नकली पिस्तौले क्यों चलाए? मंजीरा क्यों न बजाए, डफली क्युं न बजाए?

बच्चे के समक्ष यथासंभव हास-परिहास का विश्व प्रस्तुत होना चाहिए। ऐसा जिसमें वह स्वतंत्रता से विचरण कर सके। स्वतंत्रता से कुछ नया रच सके। स्वतंत्रता से कुछ नया गुनगुना सके। स्वतंत्रता के दृष्टिकोण को उसकी बाल-यात्रा का प्रथम पड़ाव बनने दीजिए। रोना-धोना उसके प्राथमिक पाठ्यक्रम में शामिल नहीं हो सकता। उसमें तो फल-फूल-पत्ते, मिट्टी के बने खिलौने ही जगह पा सकते हैं। उसका परिचय दैत्याकार आकृतियों से क्यों कराया जाता है? सहज दिखने वाली मानवीय आकृतियों से क्यों नहीं? बचपन में बच्चे को बच्चा रहने दीजिए न! उसे विध्वंसक प्रवृत्ति का जघन्य प्रशिक्षण तो न दीजिए।

बच्चे की नैसर्गिक नाटकीय क्रीड़ा को रोकना, उसके गाना गाने के बचकाने रियाज में बड़ों सी दक्षता लाना-एक तरह से उसके बचपन से छेड़छाड़ है। बच्चे को स्वयं स्फूर्त विकास करने दीजिए। उस पर अपना तर्क, अपना विकास न थोपिये। वह इसके बोझ से दब जाएगा। उसमें अंकुरित हो रही परिकल्पनाएं दब

जायेंगी। उसका स्वाभाविक अहसास दब जाएगा। बच्चे का अपनी शैली में विकसना उसका पिछड़ना नहीं। बच्चे का स्वयं के उन्मुक्त आकाश में निज के पंख फैलाना, कोई दोषपूर्ण कृत्य नहीं। उसे अपनी संभावनाओं का संसार रचने दीजिए। उसका चाव देखिए। उसकी एकल प्रस्तुति देखिए और झूमिए। संताप से निश्चित तौर पे राहत मिलेगी। उस पर अपना गरूर, अपना अभिमान-स्वाभिमान, अपना मूल्यांकन न थोंपिए। वह असहज हो जाएगा। यही असहजता उसे बेड़ियों में डाल देगी। बेड़ियां जो असामायिक पराधीनता की सूचक हैं। मूल्यांकन, इमतिहान तो जीवन भर चलने हैं। बचपन को तो इससे मुक्त रहने दीजिए। गलत रवैये से बच्चे में गलत संस्कृति के गलत अर्थ प्रवेश कर सकते हैं। वह भी वही सीखेगा जो बड़े सीखते आए हैं। उसके ज्ञान में, उसके संस्कार में, उसके परिवेश में उसका अपना कुछ न होगा। वह जीवन भर पराश्रित ही बना रहेगा। जीवन के प्रारंभिक वर्षों में उसे स्वयं अपनी उड़ान तय करने दीजिए। उसे उड़ने दीजिए, उसे अपने पंख फैलाने दीजिए। उसे अपना वैचारिक क्षितिज सृजित करने दीजिए। चित्र में उसे अपनी पसंद के रंग भरने दीजिए। आखिर कोई क्यों चुराये, क्यों खंडित करें, क्यों कुचले उसके मन-मस्तिष्क में विनिर्मित होती सतरंगी दुनिया को?

मनुष्य जीवन में खूबसूरत अवधारणाओं से निर्मित बचपन का यह पड़ाव हंसी-खुशी के लिए, सतरंगी सपने बूनने के लिए आरक्षित रहने देना चाहिए। बच्चे को अपनी जिज्ञासाओं का खजाना उडेलने दीजिए। इससे यह घटेगा नहीं और भरेगा। दिन दूना भरेगा, चौगुना भरेगा, भरता ही रहेगा। बच्चे की जिज्ञासाओं को दबाना अपराध से कम नहीं। इन्हें शांत करना बच्चे में उड़ान को जिंदा रखना है। बड़े को गर बच्चे के प्रश्न का उत्तर नहीं दिखता, तो उत्तर में दुत्कारिए तो नहीं, असहज तो न बनिए। उसे अपने ठहरे हुए जल में क्यों धकेला जा रहा है। भले ही उसकी कृति कमजोर है, फिर भी तारीफ कर दीजिए। सराहना कर दीजिए। उसे अपने हाथ से एक गुड़पाशा खिला दीजिए। वह प्रफुल्लित हो जाएगा। वह पुरस्कृत हो जाएगा। वह कुछ और करने को प्रेरित होगा। उसे पंचसितारे का सा आनंद आएगा। उसका सृजन आनंद से सरोबार हो उठेगा। मालूम तो बड़े को होना चाहिए कि आनंद दर्शन की सर्वोत्तम निधि है। बच्चा तो बच्चा है, इतनी गहन गुत्थियों को सहजता से कैसे समझेगा? उसके लिए तो 'अति सुधो स्नेह का मारग है', उसे अपने टेढ़े-मेढ़े, असहज दर्शन जैसे कुटिल मार्ग में तो न फंसाइये। आखिर बड़ों की भटकन का शिकार बच्चे क्यों बने? बच्चे क्यों फंसे इसमें? उसे मुक्ति चाहिए। स्वतंत्रता

चाहिए। प्रेम चाहिए। शांति चाहिए। साहश्चर्य चाहिए। अंतरंगता चाहिए। मेल-मिलाप के स्वर चाहिए। नहीं चाहिए, तो भटकाव की भाषा, भटकाव का दर्शन, जालों में उकेरी जाती जिंदगी। उसे ढेर सारी कविताएं चाहिए। ढेर सी मस्ती। ढेर सारे खिलौने। निर्जीव, फिर भी राजीव से बढ़कर।

बच्चे की दुनिया को प्रदर्शित होने के लिए एक स्वतंत्र रंगमंच का मिलना जरूरी है। ऐसा रंगमंच जिसमें वह अपनी बाल-प्रतिभा का समुच्चय प्रदर्शन और संयोजन कर सके। उसे महंगे अवयव नहीं, बहुत सस्ते औज़ार चाहिए। अपनी पसंद की दुनिया को सजाने के लिए। उसे जो मदर गूज की कवितायें चाहिए। राक्षसों की राक्षसी कथायें नहीं। हां, पंचतंत्र, हितोपदेश, ईसप, जातक कथायें चलेंगी। वास्को-डे-गामा की यात्रा भी चलेगी। गुलीवर के कारनामे भी। फिर भी मदर गूज की कवितायें सबसे ज्यादा चलेंगी। क्योंकि वह खूद को इनके सन्निकट पाएगा। और ढलना भी चाहेगा।

क्या बच्चे के लिए वर्णमाला के स्वर व्यंजनों के जानने से पूर्व अपने परिवेश का जानना जरूरी रहीं। और वर्णमाला के अक्षरों को इससे जोड़ते हुए समझना जरूरी नहीं क्या? बच्चे में परिपक्वता बिठाने के लिए, ज्ञान में परिपक्वता लाने के लिए ऐसा ही होना चाहिए। पर बड़े परिपक्व होते कहां है? तभी तो परिवेश गंदला बना हुआ है। प्राकृतिक परिवेश, प्राकृतिक पदार्थ को समेकित कर जो कुछ सिखाया जाएगा, निश्चित रूप से उसका प्रभाव बाल-मन पर त्वरित होना स्वाभाविक है। फेंके जाने वाली सामग्री को प्रयोग में लाने की कला-कुशलता बच्चे से अधिक कोई नहीं जानता। बड़े को इस प्रबंधन-कौशल में पारंगत होना जरूरी है। बच्चा कबाड़ से भी नई दृश्यावलियां सहजता से सृजित करता है। बड़ा फेंकने की कला जानता है। छोटा जुटाने की, सजाने की। बच्चे के लिए एक छोटा-सा परिवेश भी विश्व में रूपांतरित हो जाता है, जिसमें उसमें अपनी तरह के बाल-नागरिक मिल जाते है। बड़ा न ऐसा विश्व रच पाता है, न ऐसे नागरिक ढूंढ पाता है। वह कविता से कोसों दूर होता है। वह कविता में सजने वाले सपनों से कोसों दूर होता है। पूंजी के कबाड़ पर बैठा वह, अहमन्यस्क प्रवृत्ति का वह काश, कुछ घड़ियों के लिए बच्चा बन पाता, तो पता चलता, कितनी बड़ी दुनिया है बच्चे की?

बाल-विकास में बाल-काव्य की भूमिका को नहीं नकारा जा सकता। कविता में बच्चा स्वयं को सहज पाता है। छोटी-छोटी काव्य पंखुड़ियों के सहारे उसका बालमन उड़ान भरने को लालायित होता है। यही उड़ान आगे चलकर सम्पूर्ण शिक्षा की तैयारी में अनुप्रेरक भी है और मंजिल तक पहुंचने में माध्यम भी। बाल-काव्य,

बाल-मन में उदित जिज्ञासाओं को शांत करता है। यह उसे सहलाता भी है, बहलाता भी है। यह उसके उतरोत्तर विकास में साधक भी बनता है। यह उसमें क्रमिक गुणात्मकता के विकास में भी साधक बनता है। यह उसमें सामाजिकरण की प्रवृत्ति को अंकुरित करने और सामाजिक, प्रत्याशाओं की संतृप्ति में भी सहायक बनता है। बाल-काव्य शिशु-मस्तिष्क में चिंतन तत्व का बीजारोपण करता है। उसमें विश्लेषणात्मक सृजन की नींव डालता है। यह चाक्षुष स्तर पर ज्ञानार्जन के स्तर को विकसित करता है, निरंतर नव-ज्ञान की अमृत-बेला को संवृद्ध कर। यह बच्चे में समावेशी दृष्टिकोण का सम्यक विकास करता है। यह बच्चे में आत्मानुशासन व आत्म-संयम जैसी प्रवृत्तियों का प्रादुर्भाव करता है। काव्यानुभूति से बच्चे में निरंतर व्यवहार में सुधार होते रहने की प्रवृत्ति का उदय होता है। काव्यजनित दृष्टि बच्चे को भौतिक पदार्थ से प्रत्यक्ष अनुभव करा उसके चिंतन के फलक को व्यापक आधार प्रदान करती है। काव्य-दृष्टि उपहार स्वरूप बच्चे के भीतर स्थाई रूप से प्रेरणा-तत्व को उत्पादित कर भविष्य का पथ प्रशस्त करती है।

बच्चे के बड़े होने का मतलब शरीर-आकृति का बड़ा होना नहीं अपितु मानसिक, बौद्धिक, सामाजिक, सामसिक, सांस्कृतिक, भावनात्मक स्तरों पर वार्धक्य प्राप्त करना है। कविता इस तरह के विकास में पहली सीढ़ी बनती है। प्रारन्ध अच्छा हो, फिर आगे के विकास की यात्रा चल निकलती है। इसीलिए मूलाधारों को सींचने के लिए 'रिदम' का होना अत्यावश्यक है।

बाल-विकास शारीरिक अवयवों का संतुलित विकास तो है ही, परन्तु सबसे अधिक मानसिक अवयवों का परिपक्व विकास है। इसी से कालांतर बच्चे में निर्णय लेने की क्षमता का दोहन होता है। सीधी सी बात है एक अवस्था का प्रभाव दूसरी पर पड़ता है, दूसरी का तीसरी पर। एक का ठीक विकास न हो, तो दूसरा तो औंधे मुंह गिरेगा ही। विकास के सोपान मजबूत आधार से पक्वता प्राप्त करते हैं। बाहर से दिखना विकास नहीं होता, विकास आन्तरिक होता है। यही बच्चे के चलन में दिखता है, उसके व्यवहार कौशल में दिखता है। विकास की किसी भी अवस्था को नज़रअन्दाज करना बच्चे के भविष्य से खिलवाड़ करना है। भविष्य में उसे अच्छा आदमी बनने से रोकना है। विकास की विभिन्न अवस्थाओं से गुजर कर ही आज का बच्चा कल का भावी नागरिक बनता है। वह एक डाक्टर, इंजीनियर, शिक्षक बनने से पहले एक अच्छा इन्सान बनता है। अच्छा इन्सान वह जिसमें मानवीय गुणों का प्राचुर्य हो। बाल-काव्य में इन्हीं गुणों का शब्द विन्यास मौजूद रहता है। इसीलिए बच्चे में संस्कारित मानवीय गुणों के सतत विकास के लिए बाल-काव्य की प्रभावी

भूमिका को नहीं नकारा जा सकता। बाल-काव्य, बाल मनोविज्ञान पे सकेन्द्रित होने के कारण इसका निरंतर अवगाहन परमावश्यकता है।

अनुकरण द्वारा सीखने की प्रवृत्ति बाल-काव्य में मूलाधार है। अनुकरण की यह प्रवृत्ति बच्चे में प्रकृति-प्रेम, मानव-प्रेम, देश-प्रेम के साथ विश्व-प्रेम के मूलाधारों को सींचित करती है। यही बच्चे में सामाजिकता की प्रवृत्ति के विकास के लिए उत्तरदायी है। इसी के अन्तर्गत मानसिक योग्यता का उभार संभव है। नैतिक गुणों का उभार संभव है। बहिर्मुखी-अन्तर्मुखी प्रवृत्तियों का समुचित उभार संभव है। अनुकरण की प्रवृत्ति बच्चे में खेलने के प्रवृत्ति के प्रति लगाव पैदा करती है। इसी से बच्चा खेल-भावना से खेलने के प्रति प्रेरित होता है। इसी से वह सहयोग-संबंधों को विकसित करने की कला में पारंगत होता है।

II

बाल-काव्य और नैतिक-विकास दोनों आपस में जुड़े हुए हैं। अंतरंगता की रीत से। नैतिक विकास का एकांगी तौर पर होना संभव ही नहीं। ऐसा सम्पूर्ण विकास के दायरे में होता है। उसके अंग, संग होता है। नैतिकता की संकल्पना, मूल्यों के निर्माण जैसे विषय आचरण के विषय हैं। काव्य में वर्णित सामग्री के अन्तर्गत इन्हें बाल जीवन में उतार पाना सहज और सुकर लगता है। काव्य-पंक्तियों को यदि क्रीड़ा का रूप देना संभव दिखे, तो बच्चे में नैतिकता के सूत्रों का बीजारोपण करना अत्यंत सहज हो जाता है। इससे नैतिकता का 'विज़न' स्वतः बच्चे के व्यवहार में झलकना शुरू होता है। इसका परीक्षण नहीं हो सकता, पहचान हो सकती है। ऐसी शारीरिक या क्रीड़ात्मक गतिविधियों के संयोजन से बच्चे का शरीर ही लचीला नहीं होता, उसका दृष्टिकोण भी लचीला बनता है। कालांतर वह कभी भी जीवन के प्रति कठोर नहीं हो सकता। वह किसी भी के प्रति कठोर नहीं हो सकता। अति सुसज्जित वातावरण में नहीं, अपितु अति सामान्य वातावरण में भी बच्चे में श्रेष्ठ संस्कारों का बीजवपन संभव है। ऊँच-नीच, बड़े-छोटे का स्वर वातावरण में प्रदूषित और कलंकित करने वाला स्वर है। महानगरीय परिवेश में ऐसे स्वर की व्यापकता की गुंजाइश ज्यादा है। ग्रामीण परिवेश में या छोटे कस्बों में इसकी संभावना अपेक्षाकृत कम रहती है। एक-दूसरे से मेल-मिलाप के स्वरों का प्रादुर्भाव करने, एक-दूसरे से सरोकार रखने, विचारों का समाहार करते रहने से जिस संस्कृति का उदय होता है, उसके निर्माण में बाल-काव्य की भूमिका अहम दिखती है।

पाठशाला में समस्त क्रिया-कलापों का जुड़ाव बच्चे के आन्तरिक विकास से जुड़ना अत्यावश्यक है। ऐसे ही समाज और परिवार के क्रिया-कलापों का भी। बच्चे में पारस्परिकता का दृष्टिकोण इसी से विकसित होता है और फलीभूत भी। सामूहिक विशेषतः गायन से जुड़ी गतिविधियों से इसे विशेष बल मिलता है। सामूहिकता भविष्य की दशा और दिशा तय करने में सहायक है। वर्तमान का प्रत्येक स्वर भविष्य के निर्माण में सहायक है। सामूहिकता की सोच से बच्चे में सतत प्रेरणा का संचार

होता है। बच्चे के समक्ष विकास को लेकर पाठशाला में समय-समय पर जो भी मॉडल प्रस्तुत किए जायें, उनका आकार प्रकार विस्तृत और व्यापक होना जरूरी है। स्कूल में ऐसा वातावरण कदापि न बने जहां बच्चे में गरीब होने, अशक्त होने, दलित आदि होने पर हीन भावना जागृत हो। धर्म के आधार पर, जाति-पाति के आधार पर, मज़हब संप्रदाय के आधार पर स्कूलों का विभाजन नहीं होना चाहिए। यदि है, तो बच्चे के समूचित और सर्वांगीण विकास में ठहराव के लक्षण दिखने लगेंगे। बच्चा विकास के प्रारंभिक चरण में ही लड़खड़ाने लगेगा। वह भविष्य की आशंकाओं से घिर जाएगा। या तो हीन भावना का शिकार हुआ कुछ विशेष न कर पाएगा। या फिर कुछ उपद्रव कर बैठेगा।

मतभेद के स्वर बच्चे में ठहराव की स्थिति के लिए उत्तरदायी कारक हैं। स्कूल में इन्हें उभरने नहीं देना चाहिए। स्कूल में तो बच्चे को प्राकृतिक वातावरण उपलब्ध होना चाहिए। बच्चे को प्रकृति से संवाद करने, उससे तादात्मय स्थापित करने के अनुकूल अवसर मिलने चाहिए। यहां पहुंच कर बच्चा कुछ न कुछ प्रकृति से सीखे। उसके आँचल में खेले और प्राकृतिक गुणों को अपने में समाविष्ट होने दे। प्राकृतिक गुणों का अर्जन बच्चे में चारित्रिक गुणों के उभार में मददगार बनता है। पारस्परिक सहयोग से नैतिक मूल्यों के संवर्धन में मदद मिलती है। शिक्षण का दायित्व है कि वह बच्चे को स्कूल, टीचर, सोसाइटी और फैमिली के बीच का सेतु बनने में मदद करे। यह भूमिका शिक्षक को निभानी है, अपनी वृति को उदार कर, अपने नज़रिये को उदार कर। स्कूल का परिवेश इतना सुन्दर दिखे, कि ढूंढ़ने से भी असुन्दरता, विकृतियां नजर न आये। आखिर शिक्षा का सर्वोत्तम लक्ष्य असुन्दरता को हटा सुन्दरता का निर्माण करना ही तो है। इससे परे अन्य कुछ नहीं।

खेल, खेल में बच्चे कब बड़े हो जाते हैं, पता ही नहीं चलता। अगर ये खेल संस्कारित हों, मर्यादित हों, प्राकृतिक हों तो सोने पे सुहागा- बच्चे को पृथक से मानवीय मूल्यों से जुड़ा विषय पढ़ाने की जरूरत ही नहीं। मूल्यों को पृथक् से सिखाना बोझिल प्रक्रिया है, आचरण में ढालकर खेलते-खेलते, हंसते, गाते स्वतः सीखने देना एक प्राकृतिक प्रक्रिया है। इसी का संवरण होना जरूरी है। पृथक् से पाठ्यक्रम बनाकर, गुणों को रट्टा कर, परीक्षा लेकर मूल शिक्षा के लक्ष्य को हासिल करना संभव नहीं। यह तो नदी के प्रवाह को बांधने के समान है। अस्वाभाविक, अमर्यादित। बच्चा जब स्वयं सामाजिक, सांस्कृतिक परंपराओं, आस्थाओं, विश्वासों, मान्यताओं को ग्रहण करने, समझने में समर्थ होता है, वह क्षण उसके निर्माण का भी क्षण होता है। थोंपने की प्रक्रिया से बच्चे का आत्म-विकास, आत्म-विश्वास डगमगाने लगता

है। कालांतर उसे इसकी बड़ी कीमत चुकानी पड़ सकती है। स्कूल को उसे स्वाभाविक बनने देना चाहिए, नकलची नहीं, अन्यथा वह हर परीक्षा में नकल मारता दिखेगा। बच्चा सहिष्णु हो, विनयी हो, सदाचारी-संस्कारी हो, उसमें सबके प्रति भातृत्व का भाव दिखे, इसके लिए जरूरी है कि बच्चे की नैतिकता या धर्म की घूटी पिलाने की जगह आचरण से जुड़े क्रिया-कलापों को व्यवहार में प्राथमिकता दी जाए। बच्चे में जन्मजात प्रवृत्ति होती है : वातावरण से सामंजस्य स्थापित करने की। स्कूल/शिक्षक का दायित्व इसी प्रवृत्ति को विकसित करना है, सींचना है। इसकी धार को तेज़ करना है। एक साधे, सब सधे- इस एक प्रवृत्ति के सम्यक् विकास से बच्चे में स्वयं को निखारने का ज़ज्बा स्वतः पैदा होने लगेगा। यही स्तुत्य है, अनुकरणीय और ग्रहणीय भी।

हमें स्मरण रखना है कि बच्चा खेल-खेल में सीखता, ज्ञानार्जन करता है। सामान्य से विशेष, व्यष्टि से समष्टि इन प्रक्रियाओं से गुजरता है। काव्य-पंखुड़ियों को गुनगुनाने से वह सीखता भी है और बीच-बीच में उसका मनोरंजन भी हो जाता है। खेल और काव्य आपस में जुड़ ज्ञानार्जन की इस प्रक्रिया को सरस बनाते हैं। निरसता और एकांगीपन की प्रवृत्ति से मुक्त कर बच्चे के जीवन में अर्थपूर्ण अध्याय का शुभारंभ करते हैं। खेल के साथ गुनगुनाने की यह रीत बच्चे को घर-परिवार से स्कूल प्रांगण की ओर खींचती है। यह आकर्षण बच्चे को स्कूल की रीत से जोड़ता है, यही रीत आगे चलकर देश, समाज से जुड़ने, रिश्ता स्थापित करने में प्रभावी प्रमाणित होती है। खेल और गुनगुनाने की यह रीत धीरे-धीरे बच्चे में नया जानने की जिज्ञासा पैदा कर शिक्षा के मंतव्य को पूर्ण करने का कार्य करती है। स्कूल/शिक्षक को बस यह देखना है कि यह रीत बच्चे के स्वभाव के प्रतिकूल न हो। पर यह निदेशन गुपचुप हो तो अच्छा। शोर मचने से हंगामा होने का जो डर है।

इस पूरी प्रक्रिया के कार्यान्वयन में इस बात का सतत् स्मरण रहे कि शिक्षा के केन्द्र में बच्चा ही हो। इसके लिए शिक्षक में भी बच्चा जिंदा रहना जरूरी है। क्या करें शिक्षक और शिक्षार्थी का रिश्ता ही ऐसा है। शिक्षक और शिक्षण संस्थान दोनों में यह सत्य तथ्य रूप में मौजूद रहना चाहिए कि पाठ्यक्रम इतना लचीला, और बाल-स्वभाव के इतने अनुकूल हो कि बच्चा इसमें ढल सके और अपनी रूचि प्रदर्शित कर सके। अपने को इसमें पूर्णतया सुरक्षित महसूस कर सके। शिक्षक की उपस्थिति मार्गदर्शक रूप में भी हो, प्रेरक रूप में भी। शिक्षा-क्षेत्र में प्रेरणा को जागृत करने वाला शिक्षक सर्वोत्तम माना जाता है। यह रूप एक माली की भांति होता है,

जो एक सुखे वृक्ष को हरा-भरा रखता है। शून्य को अनंत की ओर ले जाने का कार्य करता है। ऐसा शिक्षक व्यापारी नहीं होता, तालीम का सौदा करने वाला नहीं होता। ज्ञान को तुला पर तोलने वाला नहीं होता। वह तो एक सकारात्मक वातावरण निर्माण करने वाला होता है, जिसमें बच्चा खेले भी, पढ़े भी, गुनगुनाए भी और आगे भी बढ़े। कोई पग पीछे की ओर न लौटे। बच्चे के साथ चलना, कदम के साथ कदम मिलाना और इन क्षणों में बच्चे हो जाना, इस सब में शिक्षक भी आनंद से सरोबार होता है, बच्चों के साथ-साथ। इस आनंद की कोई सीमा नहीं कोई मोल-भाव नहीं। शिक्षा प्राप्ति का स्वर आनंद की इसी रीत के साथ आगे बढ़ना चाहिए। इस बीच यह भी स्मरण रहना चाहिए कि शिक्षा का प्रबंधन दण्डवत नहीं, मित्रवत पैमाने पर विकसित हो।

स्कूल बच्चे के लिए कभी बोझ न बने। वह बस्ते के बोझ से दबे नहीं। संस्कारों के बोझ से भी दबे नहीं। उसे क्रिया-कलापों के अनावश्यक बोझ से भी दबने न दें। सबके बीच में एक सामन्जस्य हो। सामाजिक समरसता का भाव विद्यमान हो। बच्चे में संगीत, काव्य और दूसरी कलाओं के प्रति एक स्वाभाविक ललक पैदा हो। उसमें स्थानीय परिवेश और मातृभाषा के प्रति भी लगाव बने। इन सभी के विकास से बच्चे में मानवतावादी दृष्टि का श्नै श्नै विकास होगा। बच्चे में स्कूल में सम्पर्कता के दृष्टिकोण को विकसित करना बहुत जरूरी है। एक-दूसरे के सम्पर्क में आए बिना, एक-दूसरे की अभिरूचियों को जाने बिना, स्वयं में उनका संतुलित समाहार किए बिना-विकास-यात्रा कैसे संभव है। सम्पर्कता, सम्मिलन, समाहार जैसे तत्व एक-दूसरे के सम्पूरक होने के कारण बच्चे के व्यक्तित्व में निखार लाने में प्रभावी बनते हैं। बच्चे की क्षमताओं का मूल्यांकन हो, जरूर हो, लेकिन भय पैदा करने के लिए नहीं, भय से मुक्ति दिलाने के लिए। झिझक हटाने के लिए। हीनता भगाने के लिए। उपलब्धि का मूल्यांकन खेल-खेल में हो, एक-दूसरे को नीचा दिखाने के लिए न हो। तभी उसकी उपयोगिता प्रकटेगी। शिक्षक को बच्चे को समावेशी शिक्षा की भावना को विकसित करते हुए उसे सम्पूर्ण बनते हुए देखना है। उसे विभाजित करने वाली सोच से मुक्त होते हुए देखना है। ऐसा करते हुए उसे सम्पूर्ण बनते हुए देखना है। ऐसा करते हुए बच्चे में किसी भी प्रकार की अपंगता को स्थान न पाते हुए देखना है। ऐसा करते हुए बच्चे को पिछड़ेपन से मुक्त होते हुए देखना है।

शिक्षक स्कूल-चर्या के बीच पड़ताल करता रहे कि कहीं बच्चा समस्यात्मक तो नहीं बन रहा। कहीं वह बात-बात में आक्रामक तो नहीं हो रहा। ऐसा है तो

अभिभावक को शामिल करना, उनका सहयोग लेना जरूरी है। दोनों के सत्प्रयासों से बच्चा सामान्य स्थिति में लौट सकता है। स्कूल से निष्कासन एकमात्र समाधान नहीं। कहीं बच्चे का सहसा आक्रामक होना, समस्यात्मक होने के पीछे उसके प्रति किए जाने वाला व्यवहार तो नहीं, कहीं शिक्षक तो जिम्मेवार नहीं? या फिर किसी आधार पर दूसरे बच्चों का उससे कन्नी काटना जैसा बात है, जो बच्चे में एक हीन भावना या विपरीत भावना निर्मित कर कुछ ऐसा वैसा करने के लिए बाध्य कर रही हो। स्कूल/शिक्षक को किसी भी कीमत पर बच्चे को आक्रमक या समस्यापरक नहीं बनने देना है। बिगड़ैल बच्चे में भी कुछ न कुछ हुनर होता है, इसे ही आधार बनाकर बच्चे में सुधरने की संभावना तलाशी जा सकती है। कच्चा घड़ा होता है बच्चा। प्रत्येक बच्चा दूसरे से भिन्न होता है। भिन्न होना कतई दोष नहीं है, जिसे सदैव नकारा जाए। बार-बार नकारने से बच्चा कुछ गलत करने को बाध्य होता है। यहां शिक्षक को बच्चे की इसी भिन्नता से उपजे हुनर को आगे ला बाकि बच्चों के समक्ष इस रूप में प्रस्तुत करना है कि सबसे वाहवाही मिले। इससे उपेक्षित बच्चे में पटरी पे लौटने की संभावना बनेगी। स्कूल एक प्रयोगशाला भी है। बच्चों को एक भांति से हांकने से शैक्षणिक व्यवस्था का हांफना तय है। बच्चों का निराश होना तय है। उनमें हताशा, पलायन जैसी दुष्प्रवृत्तियों का जागना तय है। स्कूल बच्चे के लिए एक सुधार-केन्द्र भी है। यहीं वह सुधरता भी है और बाकियों के साथ जुड़ता भी है। स्कूल बच्चे के लिए एक मंदिर या इबादत-स्थल के समान है। लेकिन जरूरी है कि यहां किसी प्रकार की पूजा पद्धति थोंपी न जाए। पूजा, उपासना किसी देवी, देवता विशेष की न होकर ज्ञान की इबादत के रूप में सामने आनी चाहिए। इसके लिए प्राकृतिक प्रतीकों को महत्व दिया जा सकता है। इनके निस्वार्थ भाव से मानव-जाति की सेवा में प्रस्तुत होने के दृष्टिकोण को बच्चों के समक्ष उभारा जा सकता है। वृक्ष छाया देता है, फल देता है, नहीं जल देता है, स्वयं अपना जल नहीं पीती। वृक्ष स्वयं अपने फल नहीं खाते।

मनुष्य रूप में हम स्वयं ऐसा क्युं न करें। ऐसे गीतों, काव्य, पंखुड़ियों का गायन स्कूल-प्रांगण में यथासंभव रूप में किया जा सकता है। सबसे जुड़ने वाले प्रतीक, सबसे जुड़ने वाले मनोभाव सर्व स्वीकार्य होने के साथ बच्चों में निश्चित तौर पर अपनी पैठ बनाने में अवश्य प्रेरक बनते हैं। ऐसे दृष्टिकोणों का समावेश स्कूल में बार-बार होते रहना जरूरी है। देखा गया है कि बच्चा और चीजों, माध्यमों की अपेक्षा प्राकृतिक-प्रतीकों से अधिक निकटता से जुड़ना चाहता है, क्योंकि वे अधिक सहज होते है, बच्चे की पहुंच की सीमा के भीतर होते हैं। बच्चे को कई अवसरों

पर पेड़, पौधे, वनस्पति आदि से बात करते देखा गया है। पेड़ से गलग लगते देखा गया है। पंछियों के पीछे भागते देखा गया है। गिलहरियों को भगाते देखे गए हैं बच्चे। राइम्स में ऐसे अनेक दृश्यों का अवतरण होता है। इनसे जुड़ना बच्चे को प्राकृतिक, स्वाभाविक और आत्मीय जान पड़ता है। 'प्रकृति की ओर लौटना' यह अवधारणा विश्व की चुनिंदा गतिशील अवधारणाओं में से है। विश्रांति के क्षणों में शांति के गीत कौन नहीं गुनगुनाना चाहेगा?

प्रकृति बच्चे में परिपक्वता लाने का एक साधन है। प्रकृति द्वारा बच्चे पर परिपक्वता थोंपी नहीं जाती। बच्चा सापेक्ष अनुभव से स्वयं ग्रहण करता है। बच्चा प्रकृति के अंग-संग गाना सीखता है, नाचना सीखता है, बोलना सीखता है। बच्चा प्रकृति में 'माँ' के दर्शन करता है। उसके आंचल में बैठ, उससे रू-ब-रू हो वह कब बड़ा हो जाता है, कब उसमें परिपक्वता का समावेश हो जाता है, पता नहीं चलता। वैसे तो सारा विश्व प्रकृति का आंगन है। फिर भी बच्चे का स्कूल ही सब कुछ है बच्चे के लिए। खुशियों का घर। ज्ञान का प्रवेश-द्वार। पंछियों मानिंद चह-चहाने की जगह। मिट्टी में लोटने की जगह। समूह से जुड़ मतभेद मिटाने की जगह। वैमनस्य हटाने की जगह। बचपन की रीतें ग़र ताउम्र चलें, तो कभी विश्व में झगड़े जैसी चीज़ पैदा ही न हो। विद्वेष के स्वर कभी उपजे ही नहीं। घृणा जैसे शब्द जैसे विश्वकोश से गायब हो जायें। जैसे सारा विश्व चहचहाने वाले पंछियों का घौंसला बन जाये। सम्पूर्ण रूपांतरण हो जाये जैसे। बच्चा स्कूल-प्रांगण में वह सब सीखे जो घर-परिवार के काम आए। जो स्कूल के काम आए। विश्व समाज के काम आए। स्कूल में ऐसा सिखाने के लिए कोई निश्चित-निर्धारित पाठ्यक्रम नहीं हो सकता। फिर भी सीखना तो उसे सीखने के दायरे में ही है। यह दायरा इतना सीमित न हो कि बच्चा बीच में ही पलायन कर जाए। इतना बोझिल न हो कि बच्चे को स्कूल में भागने को मन करे। इतना गंदा न हो कि बच्चा थू-थू करता रहे। उसे तो स्कूल आना प्रीतिकर लगे। वह एक अन्वेषक के रूप में यहां आए और अपनी खोज को निस्वार्थ भावना से दुनिया में बांटे। शिक्षक बच्चे के लिए एक पहेली न हो, एक दोस्त हो, एक शुभचिंतक हो, एक हितैषी, बच्चे के संज्ञान में संवृद्धि करने वाला एक मार्गदर्शक, साहश्चर्यता का पाठ पढ़ाने वाला एक अनुभवी-पारखी, दुःखती रग पर हाथ फेरने वाला चिकित्सक तुल्य एक विशिष्ट मानव। एक प्रजापति के समान। शिक्षक वह जो बच्चे में सीखने की भूख पैदा करे, रज नहीं। स्कूल में ऐसा सब प्यार और सुधार के समदर्शी वातावरण में संभव हो सकता है।

गाना भी हो जाए, खेल भी हो जाए। पढ़ाई भी हो जाए। सब एक साथ हो जाए, साथ-साथ हो जाए तो कैसा रहे? बड़ी-बड़ी भूमिका बनाने से, बड़ी-बड़ी डींगे हांकने से, बड़े-बड़े सब्ज़बाग दिखाने से, बाल-मानस में चुनिंदा फिरंगी शब्द भरने से, शिष्टाचार के चुनिंदा वाक्य रटा देने से कोई समझे कि बच्चे का नव-निर्माण हो गया, तो ऐसी भूल न पालें। पैसों की धमक से खरीदे जाने वाला ज्ञान टिकाऊ नहीं होता। अधकचरा भी होता है और समाज में सड़ान्ध पैदा करने वाला भी। यही बच्चे भविष्य में समाज में नफरत पैदा करने वाले जीव जंतु साबित होते हैं। गलती से सत्ताधारी बन गए, तो व्यवस्था के चौपट होने का खतरा है। ऐसे ही भावी नागरिकों के प्रादुर्भाव से समाज में खाइयां बनती हैं। विध्वंसक खेल शुरू होते हैं। शिक्षा महलनुमा इमारतों में नहीं प्रकृति के खुले आंगन में समावेशी दृष्टिकोण के अनुपालन से ही संभव प्राय है। अन्य सारे प्रयास शिक्षा जैसे पुनीत व्यवसाय के साथ व्याभिचार से कम नहीं।

बच्चे का सर्वांगन्मुखी विकास जहां भाषा, इतिहास, भूगोल, कम्प्यूटर, ड्राइंग, पेंटिंग, नृत्य, गीत, संगीत की प्रारंभिक जानकारी से पृष्ठभूमि रूप में विकसित होना संभव है, वहीं, स्वतंत्रता से उछलने, मचलने, कूदने, फांदने, हो-हल्ला करने से भी। ज्ञान हवा न बने, इसलिए इसे स्वाभाविक रूप से सीखना जरूरी है। स्टीरियो टाइप ज्ञान से बच्चा बोरियत महसूस करता है। उसे वैविध्य भी चाहिए और मनोरंजन भी। उबाऊपन ज्ञान को बोझिल बनाता है। खेल, गीत, संगीत के माध्यम से बोझिल विषय भी सरल लगने लगते हैं। रुचिकर लगने लगते हैं। स्कूल में पढ़ाने को लेकर परंपरित सोच का बदला जाना जरूरी है, बदलती आवश्यकताओं के अनुरूप ही। यांत्रिक, उबाऊ, अप्राकृतिक माध्यम शिक्षा के उद्देश्य को बीच में रोक देते हैं। इनके होने से लक्ष्य तक पहुंचना असंभव है।

शिक्षा का कोई भी प्रकल्प हो। छोटा-बड़ा या बहुत बड़ा। नर्सरी स्कूल, प्राथमिक इकाई से लेकर विश्वविद्यालय सभी स्तरों तक सामाजिकता की विद्यमानता, अनिवार्य रूप से विद्यमान रहनी चाहिए। ऐसे ही सहभागिता का दृष्टिकोण भी अनिवार्य रूप से रहना जरूरी है। इसमें प्रत्यक्ष-अप्रत्यक्ष रूप से लोकतांत्रिक चेतना का समावेश अनिवार्य रूप से रहना चाहिए। इसमें विश्ववाद और विश्व-प्रेम की झलक भी झलकनी चाहिए। इसमें प्रकृति और परिवेश के माध्यम से बाल-चरित्र को संवारने की भी अनिवार्यता रहनी चाहिए। इसमें कल्पना की उड़ान भी चाहिए और छूने की आकांक्षा भी। उसमें रटने की जगह कुछ गढ़ने का स्वर रहना चाहिए। इसमें अभिप्रेरणा का स्वर भी चाहिए, सामन्जस्य का भी। 'स्व' से ऊपर उठ समूह

की भावना का अंतरंग स्वर भी रहना चाहिए। यहां तोतले, टूटे-फूटे संवादों को मुकम्मल रूप से पहचानने की जमीन मौजूद चाहिए। इसी के अन्तर्गत बच्चा नया हूनर भी सीखे, और नव-ज्ञान भी हासिल करे। स्कूल बच्चे में ग्राम्यशिल्प, हस्तशिल्प की ओर दृष्टि विकसित करे। मिट्टी की सौंधी गंध से जुड़ी चीजों के प्रति बच्चे का रूझान विकसित हो। बच्चे की मानव-श्रम के प्रति आस्था का स्वर विकसित हो। कुछ भी हासिल करते हुए बच्चे का किसी प्रकार का मानसिक शोषण न हो। उसका शारीरिक शोषण भी न हो। ऐसे कृत्यों द्वारा बाल-मस्तिष्क में शोषण-मुक्त समाज का चित्र सृजित हो। स्कूल बच्चे में निर्णय तक पहुंचने की क्षमता विकसित करे। बच्चा अपनी बात कहने और दूसरे की सुनने की सामर्थ्य पैदा करे। उसमें गलत को अस्वीकारने और ठीक को स्वीकारने की दृष्टि विकसित हो।

बाल-मस्तिष्क को शिक्षित करने वाला शिक्षण-केन्द्र बच्चे में 'मानवतावाद' की धारणा को संपुट करे। स्कूल बच्चे को कुछ नया खोजने, कुछ नया करने को प्रेरित करे। ऐसा करते हुए बच्चे के छोटे से छोटे प्रयास को भी प्रोत्साहन मिलना जरूरी है। तभी बच्चा कुछ नया कर पाएगा। कुछ नया सीख पाएगा। बच्चे को शिक्षा प्रांगण में क्षण भर को भी ऐसा नहीं लगना चाहिए कि नवार्जन उसकी क्षमता से बाहर है। ज्ञानार्जन की प्रक्रिया के दौरान बच्चों को खाइयों में न बांटा जाए, वर्गों में न बांटा जाए। किसी भी बच्चे को गधे की पंक्ति में न रखा जाए। बच्चे को घड़ी भर को भी ऐसा न लगे कि कुछ को उससे ज्यादा मिल रहा है।

खेल-कूद, पढ़ाई-लिखाई के साथ बच्चे को प्रबंधन का भी प्रारंभिक ज्ञान मिलना जरूरी है। इससे उसमें लक्ष्य निर्धारित करने और उसे छूने की क्षमता का विकास होगा। किसी विषय विशेष में उसे निर्णय लेने की क्षमता बढ़ेगी। उसमें निवेश करने की सोच विकसित होगी। पूंजी निवेश की भी और श्रेष्ठ विचारों के निवेश की भी। इससे भविष्य के प्रति उसकी एक सोच बनेगी। वह वर्तमान से इतर भी कुछ सोचने को प्रेरित होगा। वह क्या और क्युं से जुड़े अनुतरित प्रश्नों का उत्तर स्वयं तलाशना चाहेगा। वह स्वयं की पड़ताल से समाधान पाना चाहेगा।

स्कूल बच्चे में सह-सम्बन्ध के दृष्टिकोण को विकसित करे। वस्तु-स्थिति को भांपने में सक्षम बने। छलाव नहीं, जुड़ाव में अपना भविष्य तलाशे। वह कल्पना को मूर्त रूप देने की कवायद को विकसित करना सीखे। स्कूल का क्षेत्र समाज का सबसे स्वच्छ स्थल बने। जिसमें बच्चा स्वास्थ्य और स्वच्छता के प्रति प्रति सचेत दिखे।

III

बच्चे का प्रारंभिक स्कूल दरियादिली का केन्द्र हो। यह कदाचित नरवलिस्तान, रेगिस्तान या श्मशान की तर्ज पर कहर ढाने वाला न हो। जिसमें बच्चे का भविष्य बनना-संवरना है, उसमें तंगादिली के लिए जगह न हो। उसमें भविष्य को गति देने वाला जीवंत वर्तमान विद्यमान हो। उसमें वस्तुनिष्ठ नहीं, प्रत्युत अन्तर्निष्ठ प्रवृत्तियों के विकसने की जगह विद्यमान हो। जहां बच्चा नदिया का सर सर, पेड़ की झर झर, कोयल की कू कू, फाके की छू छू जैसी स्वतंत्र आवाज निकाल सके। उसे प्रातः की सूरज की सोना बिखेरती रश्मियां अच्छी लगें। उसे पेड़ को देखते रहना अच्छा लगे। उसे अविरल जल की धारा में कागज की कस्ती चलाना अच्छा लगे। उसे रंग-बिरंगे पंछियों का चहचहाना अच्छा लगे। मीठी बयार अच्छी लगे। फूलों की बहार-फुहार अच्छी लगे। दूसरों की हंसी अच्छी लगे। दूसरों की खुशी अच्छी लगे।

यहां पहुंच बच्चे को कोई भी उतरदायित्व बोझिल न लगे। इसे निभाने में उसे आनंद आए। वह बंद आंखों से नहीं, यहां खुली आंखों से सबका स्वागत करना सीखे। ऐसा करते हुए उसके होठों पे से स्वर्णिम आभा प्रकटने लगे। वह अच्छा दिखे, अच्छा कहे, अच्छा बोले, सबके बारे में अच्छा सोचे। खाली अपने बारे में नहीं। ऐसा सब होता रहे तो यह सब मानवता के प्रखरने का अलौकिक क्षण होगा, नई रीत में ढलने का क्षण, नई सभ्यता से जुड़ने का क्षण, समाहार का क्षण, सबके साथ खुशियां मनाने, पर्व सजाने का क्षण।

स्कूल का परिवेश ऐसा हो, जहां आना बच्चा अपनी जरूरत समझे। जहां सबके साथ गाना उसके स्वभाव का हिस्सा बन जाए। डाल-डाल, साथ-साथ महकने-चहकने में उसे दिव्य आनंद की प्रतीती हो। सबके साथ संगीत-लहरियों में डुबकी लगाने में उसे मज़ा आए। बच्चा यहां बंधन-मुक्त हो कुछ नया करने की सोचे। वह प्राप्त सूचनाओं का विश्लेषण करना सीखे, इनमें कुछ अपने स्वर जोड़ना सीखे। कोई कुछ नया कहने की कोशिश करे, तो उसका भरपूर स्वागत हो। शिक्षक उसके तुतलाते सुरों में निकली नई संस्तुति का स्वागत करे। शिक्षक यहां यह जानने

की चेष्टा करे कि अंततः उसके ज्ञान-समुद्र में पक क्या रहा है? और नया क्या पकने की संभावना है? शिक्षक को इसी से बच्चे के भविष्य की प्रारंभिक तस्वीर बनने की झलक मिल सकेगी।

शिक्षक के निर्देशन में बच्चे को विकास का पगडंडी से हाइवे तक का सफर तय करना होता है। प्राथमिक स्कूल में इस सफर की केवल बुनियाद बनती है। एक मजबूत बुनियाद पर खड़ा बच्चा कभी डिगमिगा नहीं सकता। तृप्ति, तर्पण, समर्पण जैसे स्वरों की रचना प्रारंभ के इन्हीं वर्षों में विकसनी प्रारंभ हो जाती है। भाषा की जो बुनियाद बालपन के इन दिनों में पड़ती है—उसी का आगे चलकर युवा और प्रौढ़ावस्था में यथोचित विकास होता है। बच्चे की मातृ-भाषा जब तक उसके घर-द्वार, स्कूल, समाज की चौखट का स्पर्श नहीं करती, तब तक उसमें बंद पड़े ज्ञान के प्रसुप्त द्वार नहीं खुलते। मातृभाषा की मीठास से जुड़े बिना, दुनिया को एक मुट्ठी में बंद करने की साम्राज्यवादी प्रक्रिया धरी की धरी रह जाती है। बच्चे के जीवन के प्रारंभिक वर्षों में स्थानिक भाषा से इतर भाषा, स्थानिक परिवेश से इतर परिवेश का सम्मिलित होना, उसके सर्वांगी विकास में रोड़ा बन सकता है। प्रारंभिक वर्षों में ही गांव की जमीन से हटकर बड़ी-बड़ी वैश्विक बिरादरियों की बात करना, बच्चे के स्वाभाविक विकास को आगे बढ़ने से रोकना है। महंगे स्कूल की महंगी शिक्षा बच्चे को अपने घर, गांव से काटने की साज़िश का हिस्सा है। स्कूल गांव या कस्बे का होता है, विश्व-स्कूल जैसा कोई स्कूल नहीं होता, यह महज़ कारपेंटरों की घिनौनी साज़िश होती है। विश्व-स्कूलों में कोयलें नहीं कूकतीं। गौरैया, सोन चिरइया, चकोरा, तिलोक दस्तक नहीं देते। एक विषम आर्तनाद के अतिरिक्त कुछ भी ठीक से नहीं सुनाई देता इन स्कूलों में। ये वैश्वीकृत सभ्यता को जन्म देने वाले स्कूल क्या जाने सरसों और धानों के खेतों में गुजरतीं सूरज की सोने की रश्मियों का जादू, उनसे उपजती कविता, क्या जानें वे शिखर की ऊंचाई, समुद्र की गहराई, आकाश की असीमता, धरणी माँ की अपरिमेयता। विभेद के अतिरिक्त उनके पास और अधिक जानने के लिए है ही क्या? विभेद-मुक्त स्कूलों की रचना इन वैश्विक स्कूलों द्वारा संभव ही नहीं। वैश्विक-गांव और वैश्विक स्कूल की परिकल्पना दुनिया को दौलत से खरीदने वाले, दौलत से आंकने वाले मानवता की लीक से कटे अनगढ़ व्यापारियों द्वारा रची गई परिकल्पना है, जिनका अप्रतिम उद्देश्य तिजोरियां भरने के सिवा अन्य कुछ नहीं। शिक्षा तिजोरियों में बंद नहीं, मुक्त होती है। ऐसे स्कूल परिवार की अवधारणा से कटे हुए स्कूल हैं। हिंदी जैसी पारिवारिक भाषायें ऐसे स्कूलों में सांस ही नहीं ले सकती, विकास पाना तो दूर की बात। ऐसा कोई भी स्कूल आज दिन तक जमीन

से जुड़ा कोई भी एक साहित्यकार/कवि पैदा नहीं कर सका। यहां पढ़ने वाले बच्चे गांव की परिधि से अपना नाता तोड़ बैठते हैं। ये स्कूल भविष्य के लिए खतरा बने हुए हैं।

बच्चे की दुनिया में 'यूज एण्ड थ्रो' का नहीं 'यूज एण्ड ग्रो' का दर्शन काम करता है। बच्चा जो कुछ सीखता है, वह सब भविष्य के निर्माण के लिए है। यह सब अर्जन का विषय है, कबाड़ समझ कर फेंकने का नहीं। शिक्षा का प्रयोजन बच्चे में कुछ नया उत्पन्न करना है, अर्थात् शिक्षा अंततोगत्वा 'जीवात जीवोत्पतिः' अर्थात् शिक्षा द्वारा बच्चे में कुछ नया गढ़ने की संकल्पना को मूर्त रूप देना है। इस नये रूप का बच्चे के हृदय में उपजना जरूरी है। यह नया जरूरी नहीं कि बड़ी प्रौद्योगिक, नई तांत्रिक व्यवस्था से जुड़े, उसकी गीत, कविता, संगीत-लहरियों से जुड़ना, अंतरंगता से जुड़ना जरूरी है। इनमें कटने से मानव-सभ्यता गर्क में जा सकती है।

मातृ-भाषा बच्चे के लिए सुरक्षा का एक अभेद्य कवच होती है। महंगे स्कूलों में पढ़ने वाले बच्चे इसे पाने से वंचित रह जाते हैं। सार्वभौमिकता का अर्थ गांव-समाज की संस्कृति को कुचलना नहीं होता, अपितु इसका समाहार करते हुए शिक्षा के अर्थ को व्यापकता का आधार प्रदान करना होता है। ऐसा गांव के स्कूल द्वारा तो संभव है परन्तु महानगरीय सोच के वैश्विक दर्जे के स्कूल द्वारा कदाचित नहीं। महानगरीय स्कूल बच्चों के मौलिक स्वर को संरक्षण नहीं दे सकते। आखिर शिक्षा माइक्रोवेव में रखी प्लेटें नहीं, जब फूर्सत लगी, बटन दबाया, जंक फूट गर्म किया, खा लिया। शिक्षा जंक फूड नहीं, मस्तिष्क में पचने वाली स्वाभाविक खुराक है।

स्कूल को विशेषतः प्राथमिक स्कूल को सबका संरक्षण चाहिए। समाज का शिक्षक का, परिवार का, यहां तक कि उसे बच्चे का भी जो इसकी परिधि में ज्ञानार्जन करता है। इसे धर्मों, जातियों, संस्कृतियों के अन्तर्गत पलने वाली संकीण या विकृत स्तर की सोच नहीं चाहिए। क्योंकि स्कूल बाल-मस्तिष्क को संवारने की जगह है, बिगाड़ने की नहीं। अभिभावक बच्चों को स्कूल में धकेले नहीं ताकि वे आराम कर सकें। न बच्चे धकेले जाने की वस्तु है, न ज्ञान फेंके जाने की, न स्कूल इस सोच को संरक्षण देने की इकलौती जगह। समाज और परिवार का भी स्कूल और बच्चे के विकास के प्रति समर्पित भाव से आगे आना जरूरी है। एक अकेला शिक्षक क्या-क्या करेगा। सबकी उसी से सारी अपेक्षायें पालना ठीक नहीं।

'धरनि बिन जीवन नहीं' —यह कहावत कमोवेश स्कूल पर भी लागू होती है। 'स्कूल बिन भी जीवन नहीं'। पर जिस जमीन पर स्कूल खड़ा है, जरूरी है वह जमीन

उर्वरा हो। उस जमीन पर खड़ा स्कूल एक बरगद के पेड़ की भांति हो, जिसके इर्द-गिर्द कंटीली झाड़ियों की जगह सुरभि बिखेरते भांति-भांति के फूल हों। बच्चे को स्कूल एक मंदिर लगे, जिसमें बजतीं घंटियां उसे आने का न्यौता दे। उसका खुला प्रांगण उसे खेल-खेल में मस्ती करने, कुछ नया सीखने के साथ सामाजिक मूल्यों के उभार की जगह बने। जिसमें शिक्षक उसका हितैषी बन पल-पल उसका मार्ग दर्शन करता जान पड़े। जिसमें बोले जाने वाली भाषा बच्चों की अपनी भाषा हो, समझ में आने वाली भाषा, जिसमें वह कुछ रच सके, अपनी बात कह सके, अपनी बात जोड़ सके, अर्थात् जिसमें सुगमता से अभिव्यक्त हो सके। भाषा जो बच्चे के भीतर की बाह्य अनुभूति को बाहर निकाल सके। उसका प्रत्येक स्वर सुगमता से मुखरित हो सके। धरणि के एक टुकड़े पर खड़ा यह स्कूल मिट्टी गारे से पोता हो, खपरैल से ढका हो, राजमहल की सुशोभा से परे हो, पंचतारे की संस्कृति से बाहर हो, मुखविलास का माध्यम न हो, फिर भी वरेण्य है यदि उसके भीतर से कविता फूटती है, कला की बानगी फूटती है, जाति-मज़हब की संकीर्णताओं की छाया तक नहीं पड़ती, मारपीट का रूदन नहीं सुनने को मिलता, तो मानिए वह स्कूल धरती पर स्वर्ग है।

यदि नव-भूमंडलीकरण का लक्ष्य चुनिंदा धनिक परिवार के बच्चों को तालीम देना है। बाल मन में महंगे तंत्र के प्रति लगाव विकसित करना है। गरीब बच्चों से दूरी का रिश्ता बनाना है। स्कूल से कविता को गायब होने देना है, लोक-साहित्य, लोक-संस्कृति, लोक-वैभव, लोक-गीत-संगीत या तो इन सबसे दूरी बनानी है, इन्हें हेय या दोयम दर्जे का जानते हुए या फिर इन्हें नये नाम, नयी शक्ल में ढालने के प्रयासों को विकसित करना है ताकि मंगलू की जगह जॉन जगह पाए, मक्की की मिट्टी रोटी की जगह पिज्जा, नूडल जगह पाये—और गांव, कस्बे की जमीन अपनी रंगत खो बैठे। यदि भूमंडलीकरण की नव-संस्कृति इस तरह के इज़ारों को प्रश्रय देती है, तो बाल-शिक्षा की भलाई के लिए पूरे समाज को समवेत स्वर में इसके विरोध में आ खड़े होना होगा। लोकधारा से कटी ऐसी दुषित शिक्षा बाल-मन में विषबीजों की सरंचना कर सकती है। न इस तरह कि बिकाऊ शिक्षा और उसे पारित करने वाली बिकाऊ भाषा से बच्चे का हित साधा जा सकता है, न समाज का। बाल-मन के विकास में मैकोले भी बाधक हैं और गुरूकुल भी। क्योंकि इन दोनों की पद्धतियों से कुछ का ही भला होना तय है, सबका नहीं। जबकि सार्वभौमिक स्तर पर शिक्षा सबके पहुंच के भीतर होती है, चुनिंदा परिवार के बच्चों के विकास-वैभव तक नहीं। चुनिंदा लोगों के बच्चों को

दी जाने वाली शिक्षा देश, समाज को तोड़ने वाली शिक्षा है। विभाजन के क्रम को बढ़ावा देने वाली। विषाक्त नागरिकों की फौज तैयार करने वाली 'क्रीमीलेयर' का भरण-पोषण करने वाली है, जो कभी वरेण्य हो ही नहीं सकती। अपने परिवार, अपने भूगोल, इतिहास, अपनी भाषा अपनी संस्कृति का ज्ञान हो न और विदेशी भाषा में बड़ी-बड़ी चीजों, तकनीकों, शैलियों से बच्चों को पारंगत करने लग जाएं तो मानकर चलिए कि खतरे की घण्टी बजने ही वाली है। पराधीनता की लहर में शिक्षा विकास नहीं पा सकती। बाल-मन उद्वेलित नहीं हो सकता। कुछ नया करने को तत्पर नहीं हो सकता। पराई भाषा में पराये तंत्र को विकसित करने के उद्देश्य से दी जाने वाली शिक्षा पराधीनता की प्रवृत्ति की ही तो द्योतक है। वह अपनी कैसे हो सकती है। अपने से उसका तारतम्य कैसे जुड़ सकता है। पराई फसल अपनी मिट्टी में कैसे अंकुरित हो फल-फूल सकती है?

शिक्षा परिवेश विशेष की उपज है जैसे भाषा। बच्चें को दी जाने वाली शिक्षा का लक्ष्य एकल सुखाय के मंत्र से दिए जाने वाले मंत्र से संचालित नहीं होता अपितु सर्व-सुखाय के दृष्टिकोण से ही संचालित भी होता है और फलीभूत भी। बच्चे के मानस में व्यक्तिवाद का स्वर नहीं सर्ववाद का स्वर उभरना चाहिए। मिट्टी से जुड़ी शिक्षा ही समूह के स्वर को बढ़ावा देने का माध्यम बन सकती है। इससे इतर शिक्षा आधे-अधूरे लक्ष्यों की वाहक बन पाती है। शिक्षा के प्रवाह में हिटलरी सोच बाल-मन में आतंक के बीज बोने का अपवित्र कार्य करती है। पढ़ने वाले शिशुओं को गोली से भूने जाने की रिवायत जिस दिन, जहां पड़नी शुरू होती है, वह दिन समग्र मानवता के लिए चेतावनी की क्षण होता है। शिक्षा में जिजीविषा की तलाश, न कि मृत्यु का भय, प्रतिस्पर्द्धा का स्वर, न कि युद्धरत होने की दृष्टि, पेंटिंग में कागज़ में हरियाली लाने की चेष्टा, न कि नफ़रत की भाषा में पोस्टर में मौत के साक्षात्कार के चित्रांकन के दृश्य, क्या जरूरी हैं, क्या जरूरी नहीं प्रथम दृष्टि में अंदाजा लग जाता है। कवि के स्वरों को समझने और विस्तार देने की जरूरत है कि : बांधो न नाव इस ठांव बन्धु! पूछेगा सारा गांव बन्धु! . .....बाल-शिक्षा के साथ कौन सा अर्थ जुड़ता है, और कौन सा अर्थ भिड़ता है, यह जानना ही तो महत्वपूर्ण है।

शिक्षा का रिश्ता इन्सानियत से होता है, हैवानियत से नहीं और बाल-शिक्षा का तो कदापि नहीं। बाल-मस्तिष्क में ही गर हैवानियत के विषबीजों का अंकुरण प्रारंभ हो जाए, तो कालांतर धरती रहने की जगह नहीं रहेगी। आतंक का कोप सभ्यता-संस्कृति सबको निगल लेगा जिसके सबसे ज्यादा शिकार बच्चे ही होंगे, यह

तय है। जैसे वैज्ञानिक चुहों पर परीक्षण करते हैं, ठीक वैसे ही आतंकी बच्चों पर। बालपन इतना सुकोमल होता है, कि उसमें जो डालों, खिल उठता है। नफ़रत डालो या प्रेम, हाथों में बंदूक थमाओ या फूलों की माला, स्वावलम्बी बनने का आधार मजबूत करो या फिर बुनियाद हिलाने की, कलम से कविता गढ़ने को प्रेरित करो या चाकू की धार से सर क़लम करने को भाषा में आचरण, व्यवहार, प्यार की वर्णमाला के अक्षर सीखाओं या मौत के, आंतक के। दोनों ही स्थितियां बच्चे के लिए है। दोनों ही स्थितियों का सृजन स्कूल के प्रांगण में होता है। एक से तिरस्कार उपजता है, नफरत उपजती है, वैमनस्य जन्म लेता है, मौत का नंगे दृश्य बनने की संभावना बनती है—दूसरे से प्रेम, शांति, साहश्चर्य, सहयोग, मैत्री, बंधुता, पारस्परिकता, सद्भाव, समन्वय-सामञ्जस्य जैसे अनगिनत मानवीय स्वर!

भाषा की भांति शिक्षा, विशेषतः बाल-शिक्षा अंधी दौड़ नहीं। बाल-शिक्षा केन्द्र एक-दूसरे को नीचा दिखाने के केन्द्र नहीं। शार्ट कट रास्तों, शार्टकट समाधानों, शार्टकट माध्यमों से बाल-शिक्षा को संवारा निखारा नहीं किया जा सकता। बच्चों का मानस प्रयोग-स्थल नहीं, जिसमें कुछ भी घुसेड़ा जा सके। बच्चा प्रयोग की न तो वस्तु है, न सामग्री। जिनसे भविष्य बनने के सपने संजोये जाते हैं, उन्हें कैसे कमजोर रहने दें हम? उनकी जिज्ञासाओं की अनदेखी क्यों करें हम? क्यों न तलाशें उनके उत्तर? बेहतर संयोजन की पूर्ति बाल-विकास के लिए बहुत जरूरी है। शिक्षक का बच्चे के अन्तकरण में प्रवेश करना जरूरी है। ज्ञान के संचय की सही जगह यही है। बच्चे के लिए ईर्ष्या का नहीं दोस्ती का वातावरण बनना और उसमें ढलना जरूरी है। क्रोध की जगह शांति का वातावरण बनना जरूरी है। खाली चर्चा की जगह समाधान तलाशना जरूरी है। बच्चे में भाषायी विकास थोंपने का विषय नहीं, स्वीकारने का विषय है। तू पढ़, मैं पढ़ की जगह सब पढ़े, सब लिखें। कुछ-कुछ नया लिखें, कुछ-कुछ नया पढ़ें, कुछ-कुछ नया सोचें। इसे लेकर बच्चों में आपसी चर्चा होने दें, बाल-तुतलाते स्तर पर ही सही विमर्श होने दें। भाषा को रटाने की जगह व्यवहार में आने दें। व्यवहार से भाषा में परिपक्वता आती है। कालांतर सृजन की स्थिति बनती है। बच्चे के वर्तमान को संवारने से उसका भविष्य स्वतः संवर जाता है। एक स्वर्णिम-भविष्य क्रियाशील-गतिशील वर्तमान की उपत है। अतीत के गर्त में बच्चे को धकेलना व्यावहारिक नहीं लगता। बच्चे का बाल-मस्तिष्क दार्शनिक गुत्थियों के सुलझाव के लिए नहीं बना है। बच्चा जिज्ञासाओं को लेकर सचेष्ट रहता है। उसे प्रश्न का संतोषजनक उत्तर मिल जाए, पर्याप्त है। ठीक काम की शाबासी मिल जाए, वही उसकी अनमोल संपति है। ईनाम में मिली एक पेंसिल उसके लिए

एक सोने की छड़ी से कम नहीं। उसकी दुनिया छोटे-छोटे, सीधे-साधे विचारों की दुनिया है। इसमें कोई छद्‌म नहीं।

भाषा बच्चे के लिए सार्थक अभिव्यक्ति का औजार बनना चाहिए। बच्चों की शाब्दिक अभिव्यक्ति बड़ों से भिन्न रहेगी ही, और रहनी भी चाहिए। हम बड़े, बच्चों से यह सुनने की अपेक्षा ही क्यों करें कि वे ठीक वैसा बोले जैसा वे, यानि बड़े बोलते हैं। फिर तो बचपन का वैशिष्ट्य ही गायब हो जाएगा। बच्चे की सीमित दुनिया भी असीम होती है और बड़ों की दुनिया ही कहां होती है, उसमें तो एक भू-खंड भी मुकम्मल रूप से उनका नहीं होता। किसको क्या चाहिए, यह प्रश्न बड़ा उलझा हुआ है। बच्चा स्वामियों को दूर करते-करते अपना गंतव्य पा लेता है। बड़े को अपना गंतव्य ही मालूम नहीं होता। वह भाषा को वस्तु रूप में प्रयोग करता है, जबकि अंततोगत्वा भाषा भावना है। साहित्य में ढल कर इसका अंदाजा लगता है। भाषा वस्तु तब बनती है, जब यह व्यापारियों के हाथों खेलती है। व्यापारियों द्वारा संचालित महंगे स्कूल भावनाओं के प्रस्फुटन की जगह नहीं, सामाजिक विभेद के केन्द्र हैं। विभेद-चक्र वस्तु की उपज है, भावना का परिणाम नहीं। भावना का मोल-भाव नहीं होता, क्योंकि यह व्यवहार या आचरण का विषय है। बच्चा बोलते हुए गलती करता है तो उसे दूर कर सुधारा जा सकता है। भाषायी गलती को सुधारना संभव है। व्यापार में ऐसी गलती को सुधारने का मतलब सीधे-सीधे अस्त्र-शस्त्र का टकराना है। भीड़ को चीर कर गरीब का बच्चा जब आगे निकलता है, तो शिक्षा का मंतव्य समझ में आता है। हालांकि भीड़ को स्वावलम्बी बनने के अवसर मिलने जरूरी हैं। इसके लिए स्कूल के पाठ्‌यक्रम में स्वावलम्बन के आधारों को मजबूत बनाने की जरूरत है। इसकी नींव गांव, कस्बे के प्राथमिक स्कूल में पड़नी चाहिए। गांधी का बेसिक शिक्षा का मूल दर्शन यही है। गांधी स्कूल में स्थानीय भाषा के साथ, स्वावलम्बन के इसी आधार को मजबूत करने के पक्ष में हैं। उनकी यह सोच तब भी जिंदा रहनी जरूरी है जब 'स्मार्ट' बनने की अवधारणा को सींचा जा रहा है। स्मार्ट बनें, बच्चे स्मार्ट बनें लेकिन अति स्मार्ट न बनें। अति की सोच शिक्षा के स्तर को ले डुबती है। 'अति' में किसी का भला नहीं, बच्चे का तो बिल्कुल नहीं। सामान्य स्थितियों-परिस्थितियों में बच्चा ठीक से फल-फूल सकता है, अति विशिष्ट परिस्थितियां बच्चे का दिमाग खराब कर देती हैं।

अतः सामान्य बनें, विशिष्ट नहीं, अति विशिष्ट तो किसी भी कीमत पर नहीं। बच्चे में आत्मानुशासन पैदा करें, थोंपा हुआ अनुशासन नहीं। भाषा की बहती नदी बनने दें, डुबोने वाली नहीं। भाषा को आडम्बर-मुक्त करें ताकि इस द्वारा विभेद-चक्र

का संर्वधन न हो। अपनी भाषा को लेकर बच्चे में प्रतिबद्धता जरूरी है। लेकिन कटुता नहीं। वैमनस्य तो बिल्कुल नहीं। बच्चे में एकदम सबकुछ पाने की जगह, धीरे-धीरे पाने की सोच विकसित करना वरेण्य है। इससे नई चीज को जीवन में समायोजित करने को बल मिलता है। बच्चे में वस्तु को लेकर अहंकार पैदा नहीं होता। बच्चे पंख लगाकर उड़ें अवश्य लेकिन सीमा के भीतर। इससे बच्चा दूसरों का आदर करना सीखता है। सीमा का उल्लंघन उड़ान नहीं है। उड़ान से गरूर नहीं, सामञ्जस्य का स्वर पैदा होना जरूरी है। बच्चे को स्वयं की उपलब्धि को अपनी श्रेष्ठता जताने के लिए नहीं, बल्कि बाकियों को ऐसा करने को प्रेरित करने के लिए व्यवहार में लाना चाहिए। भाषा को देखा नहीं जा सकता है, सुना जा सकता, भाषा के आंख, कान नहीं होते लेकिन इसके माध्यम से बच्चे में कुछ नया करने की क्षमता बढ़ती है। अतः भाषा का बच्चे के व्यक्तित्व के साथ ठीक समाहार हो, यह बात शिक्षक को देखनी है। शिक्षक को यह भी देखना है कि किसी भी बात को लेकर बच्चे में 'इगो' जैसी स्थिति पैदा न हो। अपितु इसके माध्यम से बच्चे के बचपन का स्वाभाविक स्तर पर विकास हो। बच्चा भाषा के दोहन से विचारों की रचना करे। नये संस्कारों की रचना करे। वह स्वयं में विचारों-संस्कारों का अवमूल्यन न होने दे। बच्चा भाषा का उपयोग आपसी व्यवहार को समृद्ध करने की दृष्टि से करे। एतदर्थ वह भीड़े नहीं, जुड़े। सबसे जुड़े, किसी एक खेमे में नहीं। बच्चा अपनी श्रेष्ठता को दर्शाने के लिए शोर न करे, अहं का प्रदर्शन कर इसका स्यापा न पीटे, अपितु दूसरों को भी इससे जोड़े। बच्चे की भाषा में प्रेम का प्रवाह बहता दिखे, कटुता का नहीं। बच्चे का उद्देश्य सीमित अर्थों में विजय-पाना, विजय-तुरही बजाना न हो अपितु उसमें भी सबको सम्मिलित करना रहे। बच्चा आगे बढ़े अवश्य पर दूसरे को धक्का देकर नहीं, गिरा कर नहीं, सबका समावेश कर। स्कूल में बाकी क्रिया-प्रक्रियाओं के साथ बच्चों के बीच आपसी संवाद का भी एक सिलसिला प्रचलन में होना चाहिए। भले ही प्रारंभिक चरण में संवाद इतना सकारात्मक और अर्थपूर्ण न बन पाए, इससे विचलित होने की जरूरत नहीं। ऐसा उम्र को लेकर है। जैसा भी हो, पर इसकी उपेक्षा ठीक नहीं। संवाद की स्तरीयता को लेकर बच्चों से बड़ी अपेक्षायें पालना भी ठीक नहीं। बच्चों के इन आधे-अधूरे संवादों में बड़ी गहरी बातें छिपी हुई होती हैं। गहराई से देखें तो इनमें जीवन और जगत् का व्यावहारिक दर्शन छिपा हुआ होता है। भाषा-प्रयोग को लेकर मानक रूप में भाषा के आँचलिक रूप को प्रगटने दीजिए, इससे भाषा का निखार बढ़ेगा, घटेगा नहीं। लोक-तत्व का संरक्षण होगा, वह अलग। बच्चे में

भाषायी प्रवृत्ति के उभार को 'जैनरेशन गैप' के अन्तर्गत समझा जाना चाहिए। एकदम बच्चे में भाषा का समुच्चय प्रदर्शित होना संभव नहीं। इसमें क्रमिक विकास होता है। आयु-क्रम के अन्तर्गत सारगर्भित विकास होता है। इसे लेकर बड़ों को असमंजस में पड़ने की जरूरत नहीं। हम बच्चों से वही अपेक्षायें करें, जो उसकी आयु-सीमा के भीतर आती हों। बच्चा हमेशा ही पहली पायदान पे खड़ा दिखे, ऐसा हर बार तो संभव नहीं। दूसरी, तीसरी पायदान पर बेचैनी क्युं? बच्चे में इसका अहसास करवा उसमें इसे लेकर हीन भावना पैदा क्युँ की जाए? स्कूल को बच्चे के लिए 'माँ' का दायित्व निभाना है। ऐसा जिसमें लेश-मात्र भी स्वार्थ न हो और ठहराव जैसी स्थिति न हो। बच्चों की सोच को गर स्कूल वैचारिक निवेश (पूंजी) मानकर चले, तो दोनों के लिए श्रेयष्कर होगा। बच्चे के विकास को वैज्ञानिक अर्थात् गुणात्मक प्रवृद्धि के अन्तर्गत विकसने दीजिए। निश्चित रूप से श्रेष्ठ परिणाम, संतोषजनक परिणाम सामने आयेंगे। बच्चों को बहुत ज्यादा नियमों के मकड़जाल में बांधना भी उचित नहीं दिखता, क्योंकि बच्चा मूलतः स्वतंत्र प्रकृति का जीव है। इसी के अन्तर्गत उसका संवर्धन अपेक्षित भी है और व्यावहारिक भी।

बच्चे का विकास निरपेक्ष दृष्टि से हो। इसके लिए भाषा एक व्यावहारिक माध्यम बन सकती है। निरपेक्ष दृष्टि से किया गया विकास अप्रतिम आनंद का द्योतक है। प्रायः देखा गया है कि बच्चे को सीखाते, पारंगत बनाते हुए शिक्षक असीम आनंद के सरोवर में डुबती लगाता है। उसका अन्तर्मन खिल उठता है।

IV

शिक्षा के प्रारंभिक सोपान को लेकर बहुत ज्यादा पूर्वाग्रह पालने की जरूरत नहीं। हम नन्हें शिशु से बहुत ज्यादा अपेक्षायें करने लगते हैं। उसे लेकर भारी भरकम सपने देखना शुरू करते हैं। बच्चे के विकास को लेकर कई अवसरों पे लड़ने झगड़ने लगते हैं। बच्चा है इन सब चीजों से अनजान होता है। वह बड़ों के सरोकारों में शामिल नहीं होना चाहता, वह तो हमउम्र के साथियों से मेलजोल बढ़ाना चाहता है। वह उन्हीं के बीच अपने को खुश पाता है। बड़ों के बीच निरसता अनुभव करता है। ऐसा नहीं है कि वह बड़ों का सम्मान नहीं करना चाहता, उनसे किनारा करना चाहता है। वह बड़ों के साथ सब कुछ करने में अपने आप को असहज पाता है, भले ही बड़े तुतलाती भाषा में बात करें, कुछ ले दे कर फुसलाने की चेष्टा करें, बच्चे बनने का स्वांग करें। इसे क्या समझें? क्या बच्चे का अपने जीवन पर इतना भी अधिकार नहीं कि वह अपनी हंसी-खुशी की गाथा खुद लिख सके। उनके बीच में इस खुशी को व्यक्त कर सके, जहां वह स्वयं को सहज पाता है। झगड़ कर भी कहां झगड़ पाता है वह? रोते-रोते कब हंस जाएगा, उसे खुद भी ज्ञात नहीं होता। प्रारंभ के इन दिनों में कितनी बड़ी दुनिया होती है उसकी, इसकी सीमा का अंदाजा नहीं लगाया जा सकता। विपरीत परिवेश मिलने और बड़ा होने की स्थिति में उसका वह व्यक्तित्व भी सिकुड़ता जाता है, जिसे कदापि सिकुड़ना नहीं चाहिए।

विशेष प्रकार के आग्रह पाल बड़े, बच्चे के अस्तित्व को ही दाव पर लगा देते हैं। वे तो स-गुण को नि-गुण बनाने का ही कार्य करते हैं। बड़ों की इसी हठधर्मिता की वजह से शनैः-शनैः बच्चा अपना स्वभाव भूलने लगता है। बच्चा अपना बालपन भूलने लगता है। वह दिग्भ्रमित होने लगता है। किताबों-कापियों के बोझ से दबने लगता है वह। उसके भीतर एक तरह का विद्रोह प्रसुप्तावस्था में पलने लगता है। इसकी परिणति बड़ों से पूरी तरह से किनारा कर पूर्ण होती दिखती है। संतति का अभिभावक से कटना पूरी तरह से समाज से कटना है।

समाज में एक नये तरह के विद्रोह को जन्म देना है। अलगाव की एक नई रीत को आगे लाना है। जिसमें संवृद्धि और विकृति का चोली-दामन का साथ हो। यौवन के मदमाते समय में इस असामायिक विकृति को रोकना संभव नहीं। किशोरावस्था की मानसिकता से भिड़ना दरअसल उनसे पंगा लेना है जिसके ऐसे वैसे कुछ भी परिणाम सामने आ सकते हैं।

इस चक्रव्यूह से बाहर निकलने का रास्ता बचपन के दिनों के मूलाधारों को सही दिशा में विकसित करने में ही नजर आता है। जरूरी है कि हम बच्चों की भाषा न छीनें। उनका व्यवहार न छीनें। उनकी संप्रेषणीयता न छीनें। उनके मस्तिष्क में बनने वाली दुनिया को तहस-नहस न करें। बच्चे को लेकर न अति उत्साही बनें, न अति निद्री। बच्चों को अपना सर्वोत्तम यथासंभव स्वयं तलाशने दें। बात-बात पर दोष निकालने की जगह उन्हें प्रोत्साहित करने की कला सीखें हम। उसके दोस्तों को स्वीकारने की आदत डालें हम। ऊँच-नीच के खानों में उनको न बांटे हम। बच्चा हंसना चाहता है, तो उसे न रूलायें हम। गाना चाहता है तो गाने दें, नाचना चाहता है तो नाचने दें। मस्ती के उसके क्षणों को चूर-चूर न करें हम। उसके रचना-वैविध्य को परखें हम, पहचानें हम। उसे उसकी शैली में भाषा सीखने दीजिए। कागज की कतरनों से कुछ नया रचने दीजिए। उसे समस्त रूढ़ियों-आडम्बरों की छाया से दूर रहने दीजिए। उसे इसके निकट भी फटकने न दीजिए। उसके मतभेद का स्वर सुनने का साहस जुटाइए। मतभेद को उसकी वैचारिकता का एक पक्ष मानिए। इसको लेकर बबाल क्युं हो? सर-माथा क्यों फूटे। नकारात्मक दृष्टि को नकारते रहिए, सकारात्मक सोच को आगे आने दीजिए। घर-परिवार को नकारात्मकता का अड्डा न बनने दीजिए। बेवज़ह ऐसी बहसों को जन्म न दीजिए जो बच्चे के वर्तमान से जुड़ी हों और भविष्य को प्रभावित करती हों। बच्चों के समक्ष भूत-प्रेतात्माओं, दैत्याकार आकृतियाँ-प्रवृत्तियों का हव्वा मत खड़ा करिए- उसकी सोच को यथासंभव तार्किक, वैज्ञानिक, मानवीय बनने दीजिए।

बच्चे के भीतर विचारों का वटवृक्ष मौजूद रहता है, अपनी अनगिनत शाखाओं, प्रशाखाओं के साथ। दरअसल ये विचार बालमन की जिज्ञासाओं का कभी न मंद पड़ने वाला एक समूह है। विचारों का यह प्रवाह बच्चे में एक समूह रूप में प्रत्युदित भी होता है, विकास भी पाता है और इसी रूप में फलीभूत भी होता है। बच्चा जिज्ञासा की तृप्ति या पूर्ति को एक बहुत बड़ी उपलब्धि मानकर चलता है। इसके शांत होने के क्रम में वह कई तरह की समालोचनाओं से होकर भी गुजरता है। बच्चे को अनायास कुछ भी हासिल नहीं होता। उसे इसके लिए

कड़ी मेहनत करनी पड़ती है। समाधान पाने के लिए कई तौर-तरीकों से गुजरना पड़ता है। हर उत्तर, प्रत्युत्तर उसकी जिज्ञासा को शांत नहीं करता। तर्कसंगत उत्तर ही शांत करता है। इस रूप में देखें तो बच्चे का जिज्ञासा को शांत करने का आधार कमोवेश तार्किक होता है। हो सकता है बड़ों को उसके तर्क न जंचें। बड़े को निर्ममता से बच्चे की तार्किक क्षमता पर प्रहार नहीं करना चाहिए। यह सीधे-सीधे उसके आगे बढ़ने पर रोक लगाना है। बड़े को बच्चे के साथ उत्तरदायी रूप से पेश आना चाहिए, संकुचित रूप में नहीं। बड़े का बच्चे के साथ व्यवहार, न पहुंचे हुए राजनेता की तरह हो, न ही उच्चकोटि के शिक्षाविद् या दार्शनिक की तरह। बच्चे की मानसिकता में छोटी-छोटी गुत्थियां होती हैं, छोटे-छोटे फलसफे होते हैं, फिर उनके समाधान के लिए बड़े-बड़े तरीके क्यों हों? सीधे, सरल समाधान क्यों नहीं? बच्चों की सफलता का पैमाना बड़ों की सफलता से भिन्न होता है। लेकिन त्रासदी यही है कि हम बड़ों का ही पैमाना बच्चों पर लागू करते हैं और ऐसा करते हुए रती भर भी रहम नहीं करते उन पर। आखिर बड़ों की दिग्भ्रमित सोच का शिकार बच्चे क्यों बनें? बड़ों के ऊपर उठने यानि उत्कर्ष पाने के विचार शतशः बच्चों पर लागू क्यों हों? बच्चा प्रवृत्ति या निवृत्ति के बीच में फंस कर क्यों रह जाए? वह धर्म और राजनीति की जकड़नों के बीच फंस कर क्यों रह जाएं? वह निर्मिति और विनिर्मिति के कुचक्र में धंस कर क्यों रह जाए? उसमें स्वेच्छा से चलने की प्रवृत्ति को डगर क्यों न मिले? बच्चा बड़ों की सी गहराई में क्यों उतरे? उसका आसमाँ छूने का तरीका बड़ों की तरह क्यों हो? भिन्न क्यों न हो?

बच्चे से सीधे लक्ष्य भेदने की अपेक्षा क्यों की जाए? बच्चों को सीधे विचारों के युद्ध में क्यों झोंक दिया जाए? उसमें 'एकला चलो रे' की जगह समूह में चलने की सोच को प्रश्रय क्यों न दी जाए? क्यों न उसे एक-दूसरे से अंतरंगता की रीत से जुड़ने दिया जाए? क्यों न वह महसूस करे कि : जुड़ाव में ही खुशी है। जुड़ाव में ही शांति है।

बच्चे को सदैव बाजार की आवश्यकताओं के अनुकूल ढालना रूचिकर न होगा। बच्चे का व्यक्तित्व बाजार के लिए एक वस्तु नहीं अपितु एक नियंता के रूप में प्रगटना चाहिए। ताकि वह बाजार को नियंत्रित करने की कला में कौशल हासिल करे, उसके प्रभाव में आकर दब कर न रह जाए। बच्चा अपने भीतर समावेशी दृष्टिकोण को अपनाए, जरूर विकसित करे, पर अवांछित को समाविष्ट करने से परहेज भी करे। वह भाषा को धर्म से नहीं, आवश्यकता से जोड़े, अभिव्यक्ति से जोड़े। बड़ों को चाहिए कि वे बच्चों को ड्रेनेज बनने से रोके, जो

दुर्गंध का प्रतीक हैं, वे उनमें फूलों की खुशबू पैदा करे ताकि सर्वत्र सुगंध बिखर सके। बच्चा गर जड़ता तोड़ता है तो बड़े को उसकी पीठ थपथपानी चाहिए। बच्चे को विरासत को सहेजने की तालीम दी जाए अवश्य, पर उसी को सहेजने के लिए प्रेरित किया जाए जिससे वैषम्य की दुर्गंध न आती हो। बच्चे में सम्मिलन के स्वर को विकसित किया जाए, लेकिन ऐसे स्वर को कदापि नहीं जिसमें अनमेल पद्धति द्वारा सम्मिलन होता हो। बच्चे में संभालने की दृष्टि रखना जरूरी है, पर उन्हें ऐसी चीजों को न संभालने दिया जाए जो वर्तमान में भी खतरा बनी हुई हैं। बच्चा इस बात को बखूबी समझे कि साहित्य द्वारा समय का रक्षण होता है, इसलिए इसकी संभाल जरूरी है, समय को चेताने के लिए। लेकिन बच्चे का यह जानना भी जरूरी है कि सारा साहित्य संग्रहणीय नहीं होता। जो साहित्य जन-सरोकारों को प्रदर्शित नहीं करता, उसका हटना जरूरी है। बच्चे को मालूम रहना चाहिए कि संरक्षण और संवर्धन के लिए जनता से अविभाज्य रूप से जुड़ना, न कि कटना सर्वोपरि लक्ष्य होना चाहिए।

V

बच्चों का संसार यानि मौज, मस्ती, खुशनुमां संसार! है, होता है, होना चाहिए। लेकिन जब पढ़ते, देखते, सुनते हैं कि बच्चा मस्ती के इन दिनों में धधकती आग में जल-पल रहा है। वह हंसिया उठा रहा है, वह गोली दाग रहा है, वह नफ़रत का ज़हर उगल रहा है। उसे द्वेष और नफरत की भाषा सिखाई जा रही है, जैसे घूटी पिलाई जा रही है। तो एक नहीं, कई एक सवाल अनायांस पैदा होते हैं कि इस तस्वीर को बदला जाए तो कैसे?

स्कूल बुनियाद है, बच्चों में श्रेष्ठ संस्कारों के पल्लवन की, जाग्रत करने की। स्कूल में जब हम बुनियाद का सींचन धर्म विशेष, जाति-मज़हब, संप्रदाय विशेष, व्यवस्था विशेष के अन्तर्गत करने लगते हैं, तो इसकी धार मजबूत नहीं होती, अपितु गिरने के कगार पर खड़ी होती है जो कभी भी किसी आतंकी की अति संस्कारी, अति मज़हबी सोच का धक्का लगने से धराशयी हो सकती है। बच्चे के उर्वर ओजस्क्ति मस्तिष्क में कुछ भी डाल दीजिए, वह उसे अक्षरशः सत्य जानकर, उसी का हू-ब-हू अनुशीलन करेगा भले ही भविष्य के समाज का भविष्य गर्त क्यों न हो जाए!

आज की तिथी में समग्र मानवता असुरक्षित संसार में निवास करने को बाध्य है। रौशनी की साफ-सुथरी किरण कहीं से भी नज़र नहीं आ रही। स्कूल या पाठशाला के आगे एक शब्द 'वर्ड' या 'विश्व' जोड़ देने से उसका स्वरूप स्वतः वैश्विक नहीं हो जाएगा। इसके लिए वैश्विक प्रकृति के संस्कारों को सृजित करने की जरूरत है। ऐसे संस्कारों को जो सर्वमान्य हों, जिनकी प्रकृति में एक-दूसरे से भिड़न्त की गुंजाइश न हो। जिनमें पारस्परिक सौहार्द हो। जिनमें एक-दूसरे से अंतरंग रूप से जुड़ते रहने की प्रबल तड़प हो। प्रखर भावना हो। ऐसे जिसमें सपने सांझे हो। मानवता सांझी हो। दुःख-दर्द के स्वर सांझे हो। अनुभूतियों की टीस सांझी हो। तालीम सबकी सीमा में हो। पूंजी के पैमानों द्वारा इसका निर्धारण-मूल्यांकन न हो। जिसमें बच्चों के अपने स्थानिक परिवेश की अंतरंग महक भी हो और खुशहाल बनने वाली दुनिया की तस्वीर भी।

बच्चों के समक्ष कुछ ऐसा व्यापक कैनवास उपस्थित रहे जिनमें वे अपनी खुशी के मनचाहे रंग भर सकें। अपनी जिज्ञासाओं सुर-स्वरों का समुचित समाहार कर सकें। स्कूल कुछ ऐसा हो जिसमें शिक्षक हवलदार की तर्ज पर डंडा हाथ में लिए बच्चों के इर्द-गिर्द मंडराता न हो। जिसमें बच्चा स्कूल शिक्षक से स्वयं को सुरक्षित महसूस कर सके। शिक्षक उसके लिए हवा न हो।

ऐसा सब हो। पर फिलहाल सत्य यही है कि आज के विद्यालय में, यहां तक कि वर्ड-स्कूल में यह सुरक्षा नज़र नहीं आ रही। इसीलिए ये निरंतर अपनी रंगत खोते जा रहे हैं। अपना स्वभाव खोते जा रहे हैं। अपना स्वरूप खोते जा रहे हैं।

गुरूकुल कदापि शिक्षा का पर्याय नहीं हो सकता। क्योंकि यह शोषण की विभेदक नींव पर खड़ा ढांचा है। क्योंकि यह सामंती सोच, विभाजन की सोच पर अवलम्बित है। क्योंकि इसमें युद्ध और शिक्षा को एक मंत्र के साथ जोड़ा गया है। इस व्यवस्था में वही बच्चे पढ़-सीख पाने में सक्षम हैं जो पात्र हैं। पात्र अर्थात् सभ्रांत जनों के बच्चे, धनिकों के बच्चे, सवर्ण-सभ्रांत धनिकों के बच्चे। एकलव्य या शंबुक के लिए इस व्यवस्था के द्वार बंद हैं। उनका जन्म या तो मृत्यु का ग्रास बनने के लिए है या अंगूठा दान-दक्षिणा देने के लिए- जीवन संवारने के निमित्त कतई नहीं, प्रत्यक्ष शिक्षा पाने के निमित्त तो बिल्कुल नहीं। प्रत्यक्ष शिक्षा का हकदार वह, जो सभ्रांत हो। राजा का पुत्र या पुत्री हो। ब्राह्मण हो, राज-व्यवस्था के वित को प्रायोजित करने वाले की संतति हो। प्राचीन गुरूकुल-शिक्षा से बाकियों का क्या लेना-देना? उनके तो होने पर ही सवाल है। अपने माध्यमों से शिक्षार्जन पर सवाल है। उन्हें तो परोक्ष शिक्षा पाने की भी इज़ाजत नहीं। ऐसा करने से प्राकृतिक आपदाओं का आना जो संभावित है। हालांकि परोक्ष शिक्षा कोई व्यावहारिक शिक्षा नहीं। शिक्षा-दर्शन में इसे स्थान नहीं। वैसे भी शिक्षा का उभार प्रत्यक्ष रूप में ही होता है। साहश्चर्य की रीत से जुड़ यह परिपक्व होता है। प्रीत के रंग में रंग यह मधुर दिखता है।

गुरूकुल और आज के 'वर्ड-स्कूल' वे विभेदक संस्थान हैं जिन द्वारा गुणात्मक शिक्षा, नैतिक शिक्षा, मूल्यपरक शिक्षा, समावेशी शिक्षा, वैश्विक शिक्षा का ढांचा खड़ा नहीं किया जा सकता। शिक्षा में सार्वभौमिक-वैश्विक सुर को समाविष्ट करने के लिए एक-दूसरे की रीत से जुड़ना जरूरी है। एक-दूसरे के संग प्रीत के हिलोरों में झूलते रहना जरूरी है। ग़र गरीब के बच्चे की शिक्षा का पैमाना अलग और अमीर के अलग, तो ऐसे में शिक्षा का स्वरूप सार्वभौमिक कैसे हुआ? विभेदक नहीं हुआ क्या?

बच्चे जब दोपहर के भोजन में, एक पंक्ति में साथ-साथ बैठने में परहेज़ करते दिखें। बच्चे जब खेल की घण्टी में साथ-साथ खेलने में परहेज़ करते दिखें। सांस्कृतिक आयोजनों में, साथ-साथ भाग लेने, नाचने-गाने में परहेज़ करते दिखें तो समझ लीजिए कि शिक्षा विचलन, विक्षोभ की स्थिति में हैं। यानि ऐसी स्थिति में जहां न बच्चे का भविष्य सुरक्षित है, न मानवता का। फिर किसका भविष्य सुरक्षित है? प्राकृतिक परिवेश के अभाव में क्या चिड़िया, गौरैया या कोकिला की कूकलहरी बाल-मस्तिष्क को आहलादित कर पाएगी क्या? क्या ऐसे प्रकृति विरोधी परिवेश में पंछी गुनगुनायेंगे भी क्या? कैसे खिलेंगे ऐसे में बच्चों के चेहरे फूलों की मानिंद। फूल गुलाब के। सूरजमुखी के। दफ्तरी बाबू के। अशोक के, कनेर के, पलाश के। भांति-भांति के रंगों के। भांति-भांति के मौसम के। 'वर्ड स्कूल' के बच्चे को क्या पड़ी मेमने के साथ खेल खेलने की। क्या आगे स्कूल के पास पानी से भरी कुल्हें होंगी, जिसकी बहती धारा में बच्चे कागज की नाव दौड़ा पायेंगे? यह प्रश्न है। यह भी जिज्ञासा है जानने की कि वर्षा में नहाती धरा को देख, स्वच्छ होते पेड़ के पत्तों को देख बच्चे खुश क्यों नहीं होते? क्या उन्होंने खुश होना छोड़ दिया है? खुशी में चहकना-महकना छोड़ दिया है। डर सताता है कि मज़हबियों की कार गुजारी की वज़ह से कहीं अलि हरी गले मिलना न छोड़ दें। पीटर मोहन आपस में कन्नी न काट लें। क्रिसमिस-दीवाली आपस में टकराने न लगे। बच्चे ईद की सेवैयों और गुरूपर्व के कड़ाह परसाद मीठे देशी घी के हलवे का स्वाद भूलने न लगें। बड़े टकराते रहे तो बच्चे मिठास को अनुभूत अनस्युत करना भूल जायेंगे। जीवन से मिठास गायब, तो जीवन जीने का मूलमंत्र गायब। शिक्षा का मूल मंत्र गायब।

स्कूल में सबसे ज्यादा जरूरत बच्चे की समस्त क्रिया-कलापों में भागीदारी की है। सदैव सर्वप्रथम आने की नहीं। यह सर्वप्रथम होने का घपला क्या है? क्या यह विभेद-चक्र को उकसाने का प्रकल्प नहीं है? क्या यह आम बच्चे के मस्तिष्क के विकास के साथ सीधे-सीधे धोखा नहीं है? आखिर विभेद से क्या हासिल होगा? क्या बच्चों को गधे, घोड़े की पंक्तियों में बिठाने की सोच बच्चे में विद्रोह के स्वर में आगे लाने की क्रिया नहीं। इस क्रिया की प्रतिक्रिया नहीं होगी क्या? बचपन के दिनों में लगे घावों को क्या बच्चे सहजता से भूल जायेंगे? क्या स्कूल में चोर-सिपाही का खेल खेलना वाज़िब है? क्या स्कूल के पाठ्यक्रम में लाभ-हानि के सवालों की जगह दूसरी सामग्री नहीं डाली जा सकती? क्या धार्मिक उन्माद और कर्मकाण्ड से जुड़े सबक पाठ्यक्रम में सम्मिलित होने जरूरी हैं? ये सवाल छोटे सवाल नहीं है। नैतिक-सूत्रों को रट्टने मात्र से बच्चों में नैतिकता का विकास हो पाना संभव नहीं।

आखिर आचरण के विषय को हम रटने का विषय क्यों बनायें? नैतिक परिवेश जागृत किए बिना हम नैतिकता की बात करें ही क्यों? आखिर नैतिक-शिक्षा, मूल्यों पर आधारित शिक्षा एक तमाशा तो नहीं। रौशनी के पर्व का दीप धर्मान्धता की लौ के अन्तर्गत प्रज्ज्वलित करने में कोई लाभ नहीं। क्योंकि इससे अंधेरा मिटेगा नहीं और बढ़ेगा। यह एक बड़े अंधेरे का सूचक बनेगा। बच्चे गर स्कूल-प्रांगण में समस्त मतभेदों से ऊपर उठ अंतर की रौशनी से रौशन होकर दीपों को पंक्ति में रख जलाने को आगे आयेंगे तो सचमुच अंधेरा हटेगा, अंदर का भी और बाहर का भी। इससे प्यार बढ़ेगा। प्रकाशित होने का अर्थ मुखर होकर सामने आएगा। शिक्षा का मंतव्य सामने आएगाः 'तमसो मा ज्योतिर्गम्य'। मात्र स्वर को सही दिशा देना लक्ष्य हो, तो संभावनाओं के नये-नये वट्वृक्ष पैदा होते रहेंगे।

स्कूल का दायित्व है कि वह बच्चे में संस्कृति के मंतव्य को समझने की ललक पैदा करे। क्योंकि संस्कृति ही वह इकलौता स्वर है जिसका अपना कोई निश्चित आकार, प्रकार या व्यवहार सीमित नहीं होता। क्योंकि संस्कृति सबका समुच्चय रूप है। संस्कृति स्वयं का स्वयं के प्रति एक विश्वास है। एक अटूट विश्वास। एक अटूट श्रद्धा, निष्ठा और आस्था का स्वर! एक विश्वास! या यूं कहें विश्वास में नैरन्तर्य। जीवन जीने की तड़प!

एक सच्ची-सच्ची संस्कृति में ज्ञान के समस्त रूप विद्यमान रहते हैं। क्या धर्म, क्या अध्यात्म, क्या कला, क्या संगीत, क्या पर्व-त्यौहार, क्या रंगमंच, क्या स्थापत्य कला, नृत्य के विविध रूप, क्या भाषा-साहित्य के विविध रूप, क्या समस्त प्रभाव, क्या विज्ञान, प्रौद्योगिकी, क्या परम्परायें, क्या अहर्ताएं- सबमें संस्कृति के दर्शन समाहित रहते हैं। संस्कृति किसी से परे नहीं, किसी से अछूत नहीं। इसमें नवाचार के साथ उन्नयन का नैरन्तर्य सदैव रहता है। संस्कृति ही शिक्षा को परिभाषित करने का एक ज़रिया हो सकती है। क्योंकि इसमें सब चीजों का समावेश है और विद्यार्थी-शोद्धार्थी सबको सब कुछ जानना है, सामान्य-ज्ञान को रटने की तर्ज की भांति नहीं ताकि कोई परीक्षा पास की जा सके, अपितु युक्तियुक्त रूप में स्वयं आत्मसात करने में। शिक्षा आत्मसात करने का विषय है और हम इसे रटने का विषय बना रहे हैं। स्वयं खोज करने की जगह कुंजियों-गाइडों से ज्ञानार्जन करने की कोशिश करने में लगे हुए हैं। वही ज्ञान बार-बार सामने आ रहा है। इसमें नया कुछ नहीं जुड़ रहा। इसके अभाव में बच्चों में शैथिल्य की प्रवृत्ति विकसित हो रही है। इन माध्यमों से प्राप्त ज्ञान को अज्ञान ही जानिए, तो बेहतर। इसी तराजू पर हम नैतिक-शिक्षा को तोल रहे हैं। कुछ शिक्षण संस्थानों में इसे धर्म-शिक्षा के रूप में

पढ़ाया जा रहा है। कुछ में स्वतंत्रता-आंदोलन के अन्तर्गत। कुछ में डिजिटल फार्म में। कुछ में पुरातन मूल्यों के संवर्धन के अन्तर्गत। कुछ में विज्ञान के विषय के रूप में और कहीं-कहीं मानविकी और वाणिज्य विषय के अन्तर्गत। जबकि नैतिक शिक्षा इनमें कहीं आगे की चीज है। यह सीधे-सीधे कहें सौंदर्यपरक चेतना का क्रमिक-विकास है, जिसका पैमाना संस्कृति हो सकती है, धर्म विशेष नहीं, प्रबंधन विशेष नहीं, रक्तपात से जुड़ा इतिहास नहीं। हिंसा के उपरांत अहिंसा की रट्ट लगाना, यानि युद्ध के पश्चात् शांति की बात करना विरोधाभास हो सकता है, नैतिकता या नैतिक शिक्षा का विषय नहीं। इसके लिए जरूरी है कि शिक्षा या ज्ञानार्जन के प्रारंभिक चरणों में बच्चे संस्कृति के मर्म को समझें, तभी नैतिक मूल्यों का समाहार उनके जीवन में संभव है। नैतिकता का प्रथम सूत्र है : सबके साथ समान व्यवहार। क्या वर्तमान स्कूलों में इस तरह के व्यवहार की रीत विद्यमान है?

सौंदर्यात्मकता एक सोच है। इस सोच का विकास कविता द्वारा होता है। कला द्वारा होता है। अध्यात्म द्वारा होता है। विज्ञान द्वारा होता है। या यूं कहे कि प्रत्येक एक विषय को दूसरे से जोड़ते हुए होता है। एक विषय स्वायत्त प्रकृति का होते हुए भी दूसरे का पर्याय बन सकता है। दो विषयों में सम्मिलन हो सकता है। सम्मिलन सदैव गुणकारी होता है। सौंदर्य-संवर्धक होता है। एक विषय को दूसरे से काटकर देखना अपराध से कम नहीं। ज्ञान है, तभी विज्ञान है। भाषा है तभी साहित्य है। संस्कृति है तभी जीवन है। हम इन्हें अलग-अलग खेमों में बांटकर क्यों जाने? इनके सम्मुच्य रूप का यथोचित संवर्धन-विकसन क्यों न करें? स्कूल में विभिन्न विषय पढ़ाए जरूर जाते हैं, लेकिन एक-दूसरे के पूरक रूप में नहीं पढ़ाये जाते। बस भूलने के लिए पढ़ाए जाते हैं, समाहार करने के उद्देश्य से नहीं। जबकि शिक्षा के विविध प्रकल्पों में समाहार होते रहना जरूरी है। इसके बिना सम्पूर्ण ज्ञान कचरे या कबाड़ के समान है। जिसे सदैव फेंकना होता है, समार्जित करना नहीं।

नैतिक मूल्य व्यवहार से आते हैं। ये आचरण के विषय हैं। बच्चे इन्हें रट्टा मार कर, कागज पे वमन कर परीक्षा-भवन से लौट जाते हैं। उनके हाथ कुछ नहीं पड़ता। उन्हें ऐसा कर कुछ भी हासिल नहीं लेता। दरअसल बच्चों को जैसे इन मूल्यों से कुछ लेना-देना ही नहीं। गर होता तो स्कूल से बाहर आते वे ओजस्वी होते, अपराधी प्रकृति के न होते। समाज में घोटाले न होते। इधर-उधर रक्तपात के छींटे न गिरते। ऐसा न होता, वैसा न होता।

भारतीय समाज में शिक्षा को पंगुता का विषय बनाया गया है। कमाई का माध्यम बनाया गया है। रूढ़ियों को जिंदा रखने की शाला बनाया गया है। विभेद

की खाईयों को गहरा करने वाली एक पद्धति के रूप में विकसित किया गया है। इसे परिवर्तन का औज़ार बनाने में परहेज बरता गया है। ऐसा लगता है जैसा प्रेरणा के सारे स्रोत सूखे पड़े हैं। चारों तरफ गंदगी फैली हो और हम शिक्षा के डंडे से उसे कुरेदने में लगे हों। ऐसे में ज्यादा सड़ांध बढ़ने की तीव्र संभावना है। संस्कृति सड़ान्ध के इस प्रसार को रोकने में सक्षम है, बशर्ते हम उसमें सन्निहित उसके समुच्चय के अर्थ को समझें, जानें और बच्चों में इसे आत्मसार होने दें।

समाहार और समान व्यवहार नैतिक-शिक्षा प्राप्ति के दो ऐसे छोर हैं जिनके संगमन से सौंदर्यात्मकता की प्रवृत्ति का संवर्धन होता है। सौंदर्यात्मकता स्वयं में एक व्यवस्था है। जीवन और जगत् से अ-सौंदर्य की रीत या परिपाटी को हटाते जाइये। दोनों स्वयमैव सुन्दर होते जायेंगे। अंततोगत्वा यहीं सौंदर्यात्मकता है। दाग हटाना सुन्दर होना है। समाज की शक्लो सूरत पे पोते गए दागों का विचारों से हटना संभव है। ऐसे सशक्त विचार जो समाज को दिशा देने वाले हों और उसकी दशा बदलने वाले हों। शिक्षा पाकर भी गर बच्चे की शक्लोसूरत में बदलाव या इज़ाफा नहीं हुआ तो फिर क्या हुआ? बस स्कूल जाना हुआ। एक औपचारिकता हुई। इसके आगे कुछ नहीं।

सौंदर्यपरक सोच एक प्राणवान सोच होती है। इसके स्वर ऊर्जस्वित होते हैं। इस द्वारा अभिनव ऊर्जा की सतत संचार होता है। इसमें सातत्य का गुण विद्यमान रहता है। इसमें निरंतर सृजनात्मकता की प्रचुर संभावना रहती है। इसमें विचारों के संप्रेषण का अनवरत सिलसिला कायम रहता है। इसमें सामाजिक, साहित्य की संरचना होती है। लोक महत्व की कलाओं का संवर्धन होता है। भाषाओं में आपस में जुड़ते रहने की प्रबल संभावना होती है। अभिव्यंजना के नव नव रूपों की तलब होती है। कुछ भी, कहीं भी कहां नहीं होता। आधा-अधूरा नहीं होता। टेढ़ा-मेढ़ा नहीं होता। विकृत नहीं होता। सबके एक साथ, एक समान रूप में प्रस्फुटन की संभावना होती है।

नैतिक शिक्षा वैचारिक विकास का शिक्षा है। यहा आचरण में परिवर्तन की दिशा में आयोजित एक अनुष्ठान है। व्यवहार में शामिल आती है और दूसरे के व्यवहार को बदलने में प्रेरक बनती है। इसे इससे इतर अर्थों में नहीं समझा जाना चाहिए। यदि बच्चा ईमानदारी से संस्कृति से जुड़े मूलभूत सरोकारों को स्वयं में आत्मसात करने में सक्षम होता है तो समझिए कि वह सही दिशा में तालीम पा रहा है। वह सच्चे अर्थों में बड़ा हो रहा है। उसका विवेक निखर रहा है। उसके व्यक्तित्व में निखार आ रहा है। वह सचमुच कुछ ऐसा सीख रहा है जो विश्व के भविष्य के लिए मददगार हो सकता है।

संस्कृति एक ज़रिया है बच्चे में नैतिक मूल्यों के प्रस्फुटन का। यह बच्चे में नवबीज का बीजवपन कर मानवता के भविष्य को आरक्षित रखने का एक माध्यम है। लेकिन संस्कृति के नाम पर चलने वाले स्कूल इसके मूल स्वर से ही कटे दिखते हैं। एक तो महंगे। दूसरे समाज के खास तबकों के लिए बने। समाज के गिने चुने लोगों के व्यापारी हितों को साधने वाले ये स्कूल 'वसुधैव कुटुम्बकम' के स्वर का उद्घोष कैसे कर सकते हैं? इनके द्वारा कुछ चयनित कुटुम्बों का हित संपादन हो सकता है। मानवता का भविष्य ऐसे स्कूलों द्वारा कदापि आरक्षित नहीं रह सकता। विभाजन की लीक को पीटने वाले ये स्कूल समस्त बच्चों के मुखमण्डल पर खुशी की आभा नहीं ला सकते। हां, टेढ़ी-मेढ़ी शिकनें जरूर बढ़ा सकते हैं। यदि शिक्षण-संस्थानों द्वारा विभेदक समाज की रचना होती है, तो बेहतर है इन्हें बंद कर दिया जाए। इनके फैलाव पर रोक लगा दी जाए। शिक्षा का व्यापार करने वाले कुकुरमुत्तों की तर्ज पर उगने वाले ये स्कूल निराशा और हताशा की गाथा कहने के सिवा अन्य कुछ नहीं कर सकते। पाठशालाओं को किसी भी कीमत पर विभाजन के औजार नहीं बनना है। उन्हें तो वैचारिक परिवर्तन का एक सशक्त ज़रिया बनना है। ताकि कालांतर ऐसे समाज की रचना हो जिसमें किसी के भी प्रति बेइंसाफी न हो, अभद्रता का व्यवहार न हो, ऊंच-नीच की परिपाटी विकसित न हो। विश्व पृथक्-पृथक् परिवेशों में विभक्त होकर भी एक लगे, एक दिखे। अपना लगे। सबकी पीड़ा अपनी जान पड़े। सबके प्रति एक समान संवेदना का संचार हो सके। बंधनों की रीत से मुक्त हो मानवता खुले में खुलकर सांस ले सके। स्कूल का वैचारिक फलक जितना ऊंचा होगा, विश्व को समझने का नज़रिया भी उतना ही उन्नत होगा। ऐसे में समस्त भिन्नतायें आयातित प्रतीत होंगी।

शिक्षा के दायरे में संस्कृति के स्वरूप को अति व्यापक, अति उदार रूप में उभारने का तात्पर्य विश्व-समाज में ऐसे नूतन स्वरों की रचना करना है जो शांति, खुशहाली, बराबरी, प्रेम और खुशी जैसे उदीप्त भावों से सबको सराबोर कर सके। कोई भी अछूता न रहने पाये। संस्कृति से जुड़ी शिक्षा ही एक व्यवस्थित समाज को आगे लाने में कारगर हो सकती है। इसलिए जरूरी है कि संस्कृति को लोक या जन के सरोकारों से जोड़ा जाए। इसे विशिष्ट जनों की वस्तु बनने देने से रोका जाए। एतदर्थ इसके अन्तर्गत जनीय साहित्य की रचना की जाए। लोक-शिल्प, लोक-कलाओं के साथ लोक-महत्व के सारे प्रकल्पों को संवर्द्धित कर, एक-दूसरे के पूरक रूप में विकसित किया जाए। बच्चे को बड़ी प्राद्योगिकी से परिचित करने से पूर्व उसे ग्राम्य हस्त शिल्प से परिचित कराए जाने की जरूरत है। उसे सब्ज़बाग

दिखाए जाने के बजाए सरसों से भरे खेतों में सूरज की नवोदित रश्मियों से उत्पन्न स्वर्ण-आभा को दिखाए जाने की जरूरत है। बच्चे के विकास के प्रारंभिक दिनों में घर-गांव की भाषा सिखाए जाने की जरूरत है। उस परिवेश से बच्चे का रिश्ता स्थापित किए जाने की प्रबल जरूरत है जो उसका अपना है, अपना घर भले ही खपरैल से ढका, आच्छादित, अपना गांव भले ही पगडंडियों से जुड़ा पर दिल के बहुत करीब।

संस्कृति रिश्ते को मजबूत बनाने की इबादत है। इसे व्यक्त करने वाली भाषायें भले ही अलग-अलग हों, पर इन सबका प्रधान स्वर एक है। एक गांव की कथा-व्यथा किसी दूसरे गांव की कथा-व्यथा से पृथक् नहीं हो सकती। भावनाओं के स्तर पर सारा विश्व एक है और हमें इन्हीं भावनाओं का प्रसार होने देना है।

संस्कृति मानवता के भविष्य को आरक्षित करने का माध्यम है। शिक्षा के मूल स्वर को जिंदा रखने को संस्कृति की तालीम पाना जरूरी भी है और अनिवार्य भी। संस्कृति के दायरे में ही शिक्षा का स्वरूप वृहत् आकार पाता है, फलता-फूलता है और निरंतर विकसने की संभावना उदीप्त होती रहती है। संस्कृति में नये और पुराने को एक साथ समेटने की अद्भुत क्षमता होता ह। संस्कृति का तात्पर्य ही समाहार है जो एकतरफा नहीं होता, बहुविध होता है, बहुआयामी होता है। यह एक दृष्टि से संचालित न होकर तमाम दृष्टियों को अपने भीतर समेकित कर सर्व-स्वीकार्य दृष्टि के उभार को प्रतिबिम्बित करता है। इसी में जीवन जीने का, बेहतर ढंग से जीने का 'उत्स' विद्यमान रहता है। शिक्षा में इसी को तरज़ीह मिलनी जरूरी है। विशेषतः बाल-शिक्षा को जहां से मानवीय-संस्कृति की रश्मियां प्रस्फुटित हो सबको प्रफुल्लित करने का कार्य करती है। कितनी विचित्र बात है कि हम 'मूल' को नकारते हैं और 'गौण' को प्राथमिकता दे शिक्षा की मूल भावना को कलंकित करते जाते हैं। शिक्षा में समाहार-तत्व की आवश्यकता है, जो संस्कृति का मूल तत्व है, बिखराव की नहीं, एकपक्षीय दृष्टिकोण की तो बिल्कुल भी नहीं। आज शिक्षा एक ऐसे एकपक्षीय दृष्टिकोण पर सकेन्द्रित हो चुकी है जिसको मूल में धनार्जन की प्रवृत्ति के सिवा अन्य कुछ नहीं दिखता। हालांकि देखने को बहुत कुछ है। आकाश है। धरती है। बाग हैं। फूल-पौधे हैं। नदी-उपत्पाओं में बहता जल है। पंछियों का कलरव है। पशु-पक्षी क्या नहीं है देखने-समझने के लिए। बस स्कूलों के संचालकों, शिक्षकों की दृष्टि कहीं और केन्द्रित होती है। बच्चे इसी अनहोनी दृष्टि का शिकार होते हैं। वे खूद से नहीं कह पाते। अभिभावक सत्य को बखूबी समझते हैं लेकिन वो दखल नहीं दे पाते। राज-व्यवस्था सब कुछ जानती हुई, आंख मूंद लेती है।

भर्त्सना सब करते हैं। आलोचनाओं के अम्बार लगा देते हैं। बदलना या बदलते हुए देखना कोई नहीं चाहते। कीमत सबको चुकानी पड़ती है, खासकर बच्चों को। उनकी अभिव्यक्ति का दायरा सीमित होता है क्योंकि वे बच्चे होते हैं, बड़े नहीं होते। वे बड़ों की भाषा का अवगाहन नहीं कर पाते। बड़ों के भीतर ऐसा क्या चल रहा है, उसका बोध नहीं हो पाता उन्हें। इसलिए स्कूल बड़ों की शह पर चल रहे हैं। छोटे शह-मात के चक्र में न पड़ना चाहते हैं, न पड़ सकते हैं। एक तरह से देखा जाए तो नन्हें, नन्हें बच्चे सभी तरह की व्यवस्थाओं के शिकार बनते हैं।

बच्चों का अपना एक संसार होता है जिनमें खुलापन होता है। जिसमें विकसन और प्रस्फुटन की असीम क्षमताएं होती हैं। आगे बढ़ने की अनगिनत संभावनाएं होती हैं। फिर भी न इन संभावनाओं का सम्यक् रीत से दोहन ही हो पाता है। न बच्चों को खुलेपन के दर्शन हो पाते हैं। बड़ों के सोच के चलते बच्चों की प्रकृति सिकुड़ जाती है। बड़ों द्वारा जब उनसे लोक-मानस, लोक-शिल्प, लोक-भाषाओं आदि का परिचय नहीं कराया जाएगा तो उनका मस्तिष्क बड़ा कैसा बनेगा? वे जात-पात का शिकार होते रहेंगे। धर्मान्धता का शिकार होते रहेंगे। वे जंक फूड विषाक्त भोजन के आदी होते रहेंगे। उनकी शिराओं में अशुद्धता प्रवाहित होती रहेगी, जिससे तन-मन दोनों विकृत होंगे।

बटोरते रहने की जघन्य यात्रा में सभी बच्चों के भविष्य को दाव पर लगा रहे हैं। असुरक्षित बच्चे जो विश्व-समाज के भविष्य हैं, उसके लिए खतरा नहीं बनेंगे तो क्या बनेंगे। जरूरी है ज्ञानार्जन के तमाम केन्द्र खुले हों, सबके लिए। वे जात-पात से परे हों। गरीबी-अमीरी के फलसफे से परे हों।

किसी भी स्कूल में कांट-छांट का पैमाना यह नहीं होना चाहिए कि उसकी पहचान क्या है? वह किस जाति-मज़हब से है। उसके परिवार के पाकेट का साइज कैसा है? स्कूल सेवा-भाव से जुड़ा संस्थान है। ऊंच-नीच जाति-मज़हब, अमीरी-गरीबी से नहीं। सेवा का दृष्टिकोण ही शिक्षा के वैश्विक स्वरूप को उभार सकता है। इसी दृष्टिकोण के उभार से समस्त भ्रांतियों का निराकरण संभव है। समस्त सीमाओं का हटना-मिटना संभव है। सम-विषम का दायरा हटना संभव है। शिक्षा सबके लिए-सबकी पहुंच की भीतर ग़र यह आदर्श सर्वत्र विद्यमान रहे, तो मानकर चलिए मानवता पर कभी किसी प्रकार का खतरा पैदा नहीं हो सकता है। खतरे सदैव विभेद के कारण पैदा होते हैं। ये शोषण की वज़ह होते हैं। ध्वंस के प्रतीक। इनमें मुक्ति पाने की पहल स्कूल से होनी जरूरी है। क्योंकि यहीं से मानवता का निर्माण होता है, वर्तमान का भी, भविष्य का भी। वर्तमान में मानवता असुरक्षित होगी तो भविष्य

में कैसे सुरक्षित हो सकती है। समता, समानता, सहिष्णुता, सुरक्षा जैसे आधार स्कूल जैसे संस्थान में परिपक्त हो, तो बेहतर हैं। क्योंकि स्कूल आधार-भूमि है। इससे उपजा छोटा पौधा कल वट्-वृक्ष बनेगा, यह संभावित है। केवल संस्कृति के नाम पे चलने वाले स्कूल विभेद-चक्र को नहीं हटा सकते। नामकरण से ज्यादा जरूरी वास्तव में क्रियात्मक सोच को बल देना है। स्कूल का बार-बार बीच-बीच में समाज में आना जरूरी है। समाज के मंच पर उसके क्रिया-कलापों का सजना-संवरना जरूरी है। स्कूल समाज के पहुंच के भीतर हो और समाज स्कूल के। स्कूली-शिक्षा के लिए ऐसे पाठ्यक्रमों का बनना जरूरी है जिनसे स्थानिक समाज का भला होता हो। बच्चे को पूरी दिखाने से पूर्व गांव की पोखर, गांव की कुल्ह, गांव के तालाब, गांव का मानस के बारे में जानना जरूरी है। इनके प्रति उपेक्षा का भाव बच्चे को संसार से जोड़ने में सहायक नहीं हो सकता। वर्तमान के शिक्षण संस्थान तो सजावट की दुकानें बन कर रह गई हैं, जहां सजावट ही बिकती है। ऐसे शिक्षण-संस्थानों से प्रकृति गायब रहती है। संवेदना लुप्तप्राप्य होती है। मेल-मिलाप के सुर सीमित दायरे से बाहर नहीं निकल पाते। सांस्कृतिक कार्यक्रम भड़काऊ और कामुक प्रकृति के होते हैं। खेलें शरीर और मन के स्वास्थ्य से अधिक ऊटपटांग तमाशे जैसे कोई चीज होती हैं। ऐसे नये बने शिक्षण संस्थानों में नई तरह की अपनत्व, नई तरह की भाषा, नई तरह के संस्कार, नई तरह के सरोकार - इनके चलते हम एक समान वैश्विक शिक्षा की परिकल्पना नहीं कर सकते जो काव्य-माधुर्य से जुड़ी हो! जो मानवीय संबंधों को सींचने वाली हो! जो समाप्त पूर्वाग्रहों से मुक्त हो! जो इन्सानियत को तरज़ीह देने वाली हो!

बाल-शिक्षा वह जो सब्ज़बाग न दिखाये। जिसके औज़ार नैतिकता के सूत्र बूनने वाले हों। जिसके क्रिया-कलाप विश्व को जोड़ने वाले हों। जो सर्व के अभ्युदय को वाणी देने वाली हों। जो शोषण की लीक का पोषण करने वाली न हो। जिसमें व्यावहारिक कल्पनाशीलता को जगह मिले। दरअसल ये समस्त स्वर मानवीय संस्कृति के ऐसे सर्वग्राही स्वर हैं जिनके उभार से सचमुच धरती पर स्वर्ग उतर सकता है। स्वर्ग यानि ऐसा स्थल जहां शांति का निवास हो। प्रेम के स्वरों का गायन हो। साहश्चर्य की रीत का अनुपालन। जहाँ विभेद की रीत सोच से परे की चीज हो।

शिक्षा को सबसे जुड़ने वाली भावना के रूप में विकसित होना है। तभी हमें कुछ हासिल होगा। जो होगा, सबका होगा, सांझा होगा। किसी प्रकार की लूट-धसूट नहीं होगी। किसी प्रकार की तृष्णा-वितृष्णा नहीं होगी। शिक्षा में आगे

लाई जा रही जूए की रीत को हटाना जरूरी हो गया है। राज-व्यवस्था के सक्रिय होने से ऐसा होना संभव है। व्यापारियों के हाथों में शिक्षा का दायित्व सौंपने के बजाए राज-व्यवस्था द्वारा इसकी संभाल होनी चाहिए। शिक्षा से जुए का दृष्टिकोण हटने से स्वावलम्बन के आधार को बल मिलेगा। शिक्षा द्वारा विश्व को जोड़ने की जरूरत महसूस की जाने लगी। इसकी गति बहुत धीमी है जिसे तीव्र किए जाने की जरूरत है। अब यह धारणा धीरे-धीरे पुष्ट होती जा रही है कि तालीम वस्तु नहीं जिसे खरीदा या बेचा जा सके। शिक्षा व्यापार की सामग्री नहीं आचार, व्यवहार और संस्कार की अवध्य है। हसी रूप में इसकी संभाल होना अपेक्षित है। शिक्षा-तंत्र कदाचित ऐसे हाथों में पड़ कर न रह जाए, जो बाल-मस्तिष्क को ही उजाड़ कर रख दे।

शिक्षा के दायरे में कोई एक विचार अंतिम नहीं हो सकता। चाहे वह विचार किसी का भी क्यु न हो। एक विचार का दूसरे से जुड़ना, दूसरे से जुड़ते रहना जरूरी है। शिक्षा है ही जुड़ाव का विषय। श्रेष्ठ तत्व कहीं से भी क्यु न आए, उसे ग्रहण करने में कैसी कंजूसी? कंजूसी क्यों? लोकतांत्रिक व्यवस्था में तो तिनके-तिनके का आपस में जुड़ना जरूरी है। विचार आए। विचार चले और विचार जुड़े। श्रेष्ठ विचार को धार मिले। सबका संरक्षण मिले। जलवायु मिले। कोई श्रेष्ठ विचार इसलिए न कट जाए, कि वह इस देश मिट्टी का नहीं है। मिट्टी, मिट्टी में क्या भेद? मिट्टी तो मिट्टी है जिसमें प्रविष्ट कर गया एक छोटा सा बीज विट्प का आकार लेता है जिसमें भांति-भांति के पुष्ण खिलते हैं। भांति-भांति के विचारों को आकार-प्रकार मिलते हैं। श्रेष्ठ विचारों का संकलन ही एक आदर्श स्कूल की पूंजी है। इसे ही शिक्षा की धरोहर जानिए। विचारों का सन्मेल ही शिक्षा को धार देता है। शिक्षा में बदलाव इस रूप में परिलक्षित हो कि जैसे कुछ हुआ ही न हो अर्थात् स्वयमेव हो, जिसकी घोषणा न करनी पड़े, जिसे लेकर ढोल न पीटना पड़े। जिसके लिए आधारभूत नया ढांचा न तलाशना पड़े। ऐसा न हो शिलान्यास की पट्टिका आज रख दी, निर्माण दस साल गुजर जाने के बाद हो या फिर हो ही न। लोग शिला-पट्टिका को भी भूल जायें या फिर उग्र होकर उसे तोड़ दें। ऐसा दिखावा कम से कम शिक्षा-तंत्र में नहीं होना चाहिए। परिवर्तन दिखे नहीं, क्रिया-कलापों में सम्मिलित हो जाए। पिछड़े देशों में जहां अधकचरी मानसिकता ज्यादा निवास करती है वहां दिखाने की, ढिंढोरा दिखा कर दिखाने की, मदारी की तर्ज पर दिखाने की ज्यादा रिवायत होती है। जबकि वास्तविक परिवर्तन वह है जो व्यवस्था में दिखे नहीं, कार्यक्रम में शामिल हो जाए।

स्कूली शिक्षा में, पूरी शिक्षा में ही कह लीजिए पाठ्यक्रम के निर्धारण में जमीन से जुड़े शिक्षक की भूमिका नगण्य होती है। नन्हें-नन्हें बच्चों की तो होती ही नहीं। उन्हें तो यह भी पता नहीं होता कि उनके आगे कब क्या परोसा जाना है? कभी प्रबंधन इस सत्य को गंभीरता से नहीं लेता कि बच्चों का एक अपना संसार है, इस संसार की अपनी खूबियां है। इसकी कोई सीमा नहीं है, इसकी कोई सरहद नहीं है। इसका कोई निश्चित घेरा नहीं है, कोई निश्चित क्षेत्रफल, आकार-प्रकार नहीं है। बच्चों की ऐसी दुनिया के बारे में क्या कभी कोई भी प्रबंधन गंभीरता से सोचता है और उसके बारे में क्रियाकलापों की रचना करने को इसके मूल से जुड़े शिक्षकों को किसी प्रकार का न्यौता देता है? पाठ्यक्रम वे लोग सृजित कर रहे होते हैं जो इसके मूलस्वर से ही अपरिचित होते हैं। जो बच्चों के मनोविज्ञान की वर्णमाला तक नहीं जानते। जो बालगीत का महत्व नहीं समझते। जो जुड़ाव की परिभाषा तक नहीं जानते। उनके हाथों में बच्चों के भविष्य को संवारने का जिम्मा डालना कितना तर्कसंगत है, सबसे पहला सवाल तो इसी पर आ उठता है। जिस बड़े समाज-हित के सरोकार से सत्ता-पक्ष को निर्वेक्तिक रूप से जुड़ना चाहिए, वह उसी से कन्नी काटने में लगती दृष्टिगत है। यह जानते हुए भी कि व्यापारी सिर्फ व्यापार करना जानते हैं, बाल-मस्तिष्क को संवारना नहीं। व्यापारियों का गंतव्य पूंजी-अर्जन है। बस।

शिक्षा सबकी पहुंच के भीतर हो। इसके लिए जरूरी है कि इसे व्यापारियों के चुंगल से मुक्त किया जाए। व्यापारियों के पास शिक्षा-दर्शन कहां होता है? वह न तो शिक्षा के दर्शन से जुड़ा होता है, न शिक्षा के मनोविज्ञान से और न ही शिक्षा के प्रबंधन-कौशल से। फिर ऐसे बेकार के लोगों के हाथों में बच्चों की फुलवाड़ी को सौंपने से आशय? जो नोचने की भाषा समझते हो वे सजने-संवारने-महकाने की कला क्या जाने? ऐसे 'वर्ड-स्कूलों' में पढ़ा बच्चा जब 'वर्ड कालिजों' में जाएगा, उसके बालदान जब इस यात्रा में अशर्फियों का पिटारा खोल देंगे, तो क्या वे कई पिटारे भरना नहीं चाहेंगे। ऐसा नहीं सत्ता पक्ष इस सत्य से अपरिचित हो। वह सब कुछ जानती है। मौनी बाबा बनी रहती है। क्योंकि उस ओर भी पूंजी आने का यह एक रास्ता है। ऐसे बालदानों के बच्चों के हाथों मरीजों का मरना तय है। पूलों का टूटना तय है। भवनों-इमारतों का लड़खड़ाना तय है। ग़र शिक्षा संस्कार नहीं बदलती तो उसे शिक्षा से, शिक्षा जैसे पवित्र शब्द से उपमित करें भी या नहीं। यह भी एक सवाल है।

बच्चों के संसार को छीनने का हक किसी को भी नहीं दिया जा सकता, चाहे वह सत्ता के सर्वोच्च शिखर पर क्युं न बैठा हो। शिक्षा को लेकर ड्रामेबाजी का रूकना जरूरी है, मूलभूत परिवर्तन का आना जरूरी है। शिक्षा सबकी पहुंच में हो, इसलिए जरूरी है कि सभी स्कूलों के दरवाजें सबके लिए खोल दिए जायें। एक समान शिक्षण-सुविधायें मुहैया करायी जाए। ऊंच-नीच, लाभ-अलाभ, जाति मज़हबी सोच जैसी संकीर्णताओं से इन्हें मुक्त किया जाए। किसी धर्म विशेष को लादने की कोशिश न की जाए। धर्म-शिक्षा की जगह वैचारिक शिक्षा प्रदान की जाए। मेल-मिलाप के सूरों को उभारने वाली खेलों को प्रश्रय दिया जाए। सांस्कृतिक आयोजनों में लोक-शैली को प्राथमिकता दी जाए। स्थानीय भाषायी रूपों का आगे लाने की पहल की जाए। सब्ज़बाग न दिखाये जाएं। बच्चों में इनके प्रति तृष्णा पैदा न की जाएं। पारम्परिक खेलों को जिनसे तन-मन दोनों विकसित होते हों, वैसी खेलों को तरज़ीह दी जाए। बच्चों को खेल की भावना से खेलने दिया जाए, लड़ने-मरने के लिए नहीं। सांस्कृतिक कार्यक्रम बच्चों में मौन को तोड़ने वाले हों, मद्देस को जागृत करने वाले न हों। प्रत्येक बच्चे की ऐसे कार्यक्रमों में भागीदारी को सुनिश्चित किया जाए। कुछ ही, बहुतों की कीमत पर विकास क्युं करें। सबका अभ्युदय क्यों न हो? एकांगी स्वरों की विषैली वर्षा क्यों हो स्कूल में? स्कूल ज़हरीली हवाओं से मुक्त क्यों न हो?

VI

इतना तो तय है कि शिक्षा द्वारा विश्व-समाज की दिशा-दशा बदली जा सकती है। विश्व को मानव-जाति की आशाओं-आकांक्षाओं के अनुरूप ढाला जा सकता है। विश्व को एक स्वच्छन्द कुटीर के रूप में निर्मित किया जा सकता है अर्थात् एक ऐसे स्वतंत्र वातायन के रूप में जहां से किसी प्रकार की विषैली गंध भीतर न प्रवेश कर सके। सर्वत्र उन्मुक्त हवा विचरण करे। सब खुशहाल हों, प्रकृति सबके पहुंच के भीतर हो। इस पर किसी एक या कुछ एक का कब्जा न हो। जहां हंसते-गाते बच्चे रौंदे न जायें। जहां सबके पेट भरने वाले खेत-खलिहान रौंदे न जायें। जहां सौहार्द के स्वर गूंजे। जहां भावनाओं का संगमन हो, अनुभूतियों का नर्तन। जहां धरती ही स्वर्ग हो और स्वर्ग ही धरती। यह सब पाने के लिए हम इतना पीछे भी न लौटें कि कुछ हाथ न लगे और इतनी तेज गति से भी न भागें कि सब कुछ पीछे छूटता जाए। दोनों ही स्थितियों में निराशा हाथ लगे।

शिक्षा में मध्यमपदा का स्वर, समन्वय का स्वर, सम्मिलन का स्वर प्रमुख रूप से उभरना जरूरी है। इसी से विश्व-पट्टल पे मानवीय दृष्टिकोणों के अन्तर्गत उभार लाने में मदद मिल सकती है। सीमांत क्षेत्रों में गर मरने-मारने की तालीम बच्चों को दी जाए। उन्हें ग़र मृत्यु-दस्तों के रूप में तैयार किया जाता रहे। बंदरों-कुत्तों-चुहों की भांति उनके बाल-जीवन से खिलवाड़ की जाती रहे। परीक्षण किए जाते रहें तो ज्यादा से ज्यादा मानवता के दुश्मनों, संहारकों के हाथ ऐसा क्या लग जाएगा जो बच्चों की खिलखिलाती मुस्कान से ज्यादा सुन्दर होगा। फुलवाड़ी के फूलों से ज्यादा सुन्दर होगा। कोकिला की हूक से ज्यादा श्रेयस्कर होगा। फाके की मस्ती से ज्यादा मस्त होगा जो मानवता का मर्दन कर, बच्चों से उनकी खुशी, उनकी मस्ती छीन मानवता के हत्यारों के हाथ ऐसा कुछ नहीं लगने वाला। अलाउद्दीन के हाथ अंततः क्या लगा था, राख ही न। पद्मावती जो अप्रतिम सौंदर्य का खज़ाना था, क्या वह उसे लूट कर हासिल कर सका। न हासिल कर पाने की स्थिति में वह हाथ ही तो

मलता रहा। क्या वह परिभाषित कर पाया सौंदर्य को? क्या बच्चों को रौंद ये आज के हठधर्मी तानाशाह हासिल कर पायेंगे सौंदर्य को? जिसे अनुभूति के स्तर पर अनुस्यूत किया जा सकता है, उसे लूट-घसूट के जरिए, रक्त के छींटे बहाकर, श्यामला धरती को लाल कर कैसे किया जा सकता है? बालपन की बलि लेकर धर्म के पुरोधा बने कैसे कर सकते हैं यह सब? हंसने-मुस्काने-नाचने-गाने के दिनों में कर्मकाण्ड के बोझ से दबा, विभेदक मंत्रों से मासूमियत को रौंद हर्षित स्वरों को कैसे संरक्षित रखा जा सकता है?

समुद्र के किनारे पड़े बच्चे का शव ऐसे कई सवाल करते दिखता है। शांति का आकांक्षी वह बच्चा अशांति के निर्लज्ज आकाओं से प्रतिक्षण सवाल करता दिखता है : क्यों सीना छलनी किया जा रहा है धरती का? बच्चों को खेलने क्युं नहीं दिया जा रहा है? उन्हें अपनी तर्ज पर हंसने-मुस्काने क्यों नहीं दिया जा रहा है? उन्हें क्यों रौंदा जा रहा है? उन्हें किस अपराध की सज़ा दी जा रही है? बच्चों को रौंद, स्त्रियों को बच्चा पैदा करने वाली मशीन घोषित कर हम किस युग विशेष की ओर बढ़ रहे हैं? शताब्दियों से मानव-जाति ने जो समार्जन किया है उसे क्युं समुद्र के अंतस में फेंका जा रहा है? उसकी होली क्यों जलाई जा रही? कलाकृतियों को क्युं नेस्तानबूद किया जा रहा है? गीत-संगीत नृत्यगान पर अर्गलायें क्यों लगाई जा रही हैं? रंगमंच को क्यों ढाया जा रहा है? सोना उगलने वाली धरती को क्युं रणभूमि बनाया जा रहा है? क्यों बढ़ रहे हैं हम एक और विश्व-युद्ध की ओर? क्यों व्यापारी एक और युद्ध को न्यौता दे रहे हैं? क्यों यह सारी दुनिया स्मगलरों, डानों, हत्यारों, नृशंस दैत्याकार अभद्र मानवों की सरजमीं बनती जा रही है? क्यों कारपोरेट घराने शिक्षा का निर्धारण करने में लगे हैं? क्यों बाल-शिक्षण-संस्थानों को व्यापारी मानसिकता से हांका जा रहा है? क्यों बच्चे से उनकी प्रकृति को छीना जा रहा है? इन तमाम या ऐसे ही अनगिनत दूसरे प्रश्नों का उत्तर तलाशे बिना शिक्षा को लेकर एक पग भी सकारात्मक रूप से आगे बढ़ना संभव नहीं। इस तांत्रिक व्यवस्था में जो कविता का हश हो रहा है, जो लोकगान, लोकोक्तियों-मुहावरों का हश्र हो रहा है, वह बहुत ही दुर्दमनीय है। गांव से शिल्प उखड़ रहा है। गांवों का हुनर आखिरी सांसें ले रहा है। छोटे-छोटे कस्बे शहरों-नगरों-महानगरों की नकल करने में लगे हैं। अपनी पहचान खोते जा रहे हैं।

सब कुछ गंवा कर कुछ हासिल कर भी लिया, तो क्या किया? शक्लोसूरत बिगाड़ कर अंधाधुंध विकास कर भी लिया तो क्या किया? ग़र इस अभूतपूर्व विकास से बच्चे-बच्चे न रह पायें तो क्या हासिल किया? इस विकास से रिश्ते न रह पायें।

पर्व-त्यौहार न रह पायें। मेल-मिलाप के स्वर जिंदा न रह पायें। सबके प्रति सद्भावना-सन्मेल के स्वर जिंदा न रह पायें। तो ऐसे विकास से क्या हासिल होगा?

स्कूल में विकास के नाम पर जब मुकम्मल तौर पर पेपरलैस वर्क होगा। भावना-शून्य संबंध होंगे। अनुभूति शून्य ज्ञान-विज्ञान होगा। नोट-बुक पर अंकित आंखें होंगी। फेसबुक पर अंकित चेहरे होंगे। नन्हें-मुन्नों के हाथों में मरने-मारने के औज़ार होगे - तो क्या इन सबसे स्कूल सुरक्षित रह पायेंगे। स्कूल के भीतर का सुर-स्वर सुरक्षित रह पाएगा? विध्वंस में निर्माण की कल्पना जैसा मंजर नहीं होगा यह क्या? दरअसल बाल-शिक्षा की प्रकृति से जो खिलवाड़ होने लगा है, उससे बाल-शिक्षा के ध्वस्त होने का खतरा चहुं ओर मंडराने लगा है। आज बच्चे चगोतरे नहीं खाते जिसमें प्रचुर मात्रा में विटामिन अपने प्राकृतिक रूप में विद्यमान हैं, वे जंकफूड खाने को बाध्य भी हैं, विवश भी क्योंकि यही उनके आगे परोसा जा रहा है, ज्ञान की शक्ल में भी और भोजन की भी।

इतना विश्लेषण करने की आवश्यकता इसलिए पड़ी क्योंकि शिक्षा, विशेषतः बाल-शिक्षा एकल विषय नहीं है, जिसका पृथक् से विकास किया जा सके। यह समाज के दूसरे इज़ारों-सरोकारों से जुड़ा विषय है। इसे बाकि के सरोकारों से पृथक् करके नहीं देखा-आंका जा सकता। यदि ऐसा कुछ करने की हिमाकत करेंगे तो भयावह परिणाम उपस्थित होंगे। शिक्षा समाज के प्रत्येक तंत्र से जुड़ा विषय है। मूल में बाल-शिक्षा है जो नींव का कार्य करती है। दुनिया के सभ्य देशों में बाल-शिक्षा के विकास को प्राथमिकता दी जाती है। इसमें निरंतर सुधार लाने के प्रयास किए जाते हैं। बाल-शिक्षण केन्द्रों में सारी सुविधायें जुटाई जाती हैं जो बाल-मानसिकता को प्रतिबिम्बित कर सकें। बाल-विद्यालयों में अनुभवी और कुशल शिक्षकों की प्रतिनियुक्ति की जाती है जिनकी तालीम का स्तर विश्वविद्यालयों के शिक्षकों से कमतर नहीं होता। इन विद्यालयों का राज्य बजट का बहुत बड़ा भाग मुहैया कराया जाता है। ऐसा नहीं होता कि स्कूल में बच्चों के लिए बैठने की जगह न हो, कमरे चोते है। मध्याहन भोजन में विषैले कीड़े निकलते हों, बच्चों के नाक चोते हों, खुले में बच्चे शौच करते हों, स्वच्छ जल पीने की व्यवस्था न हो, श्याम-पट्ट न हो, डस्टर चॉक न हो। विकसित देश विश्वविद्यालय से भी ज्यादा ध्यान बाल-शिक्षा के स्तर को उन्नत करने को समर्पित करते हैं। उन देशों के आगे आने की बड़ी वज़ह ही यह है कि वे आधारभूत ढांचे को मजबूत बनाने में प्रयत्नशील हुए दिखते हैं। भारत जैसे देश में स्थिति इससे बिल्कुल उल्ट है। इन स्कूलों की दुर्दशा बयान नहीं की जा

सकती। न सुव्यवस्थित कमरे, न बच्चों के बैठने की जगह, बच्चों के चोते नाक, मध्याह्न में विषैला भोजन खाने को शापित बच्चे। इन देश में बाल-शिक्षा पर कालिज-विश्वविद्यालयों की अपेक्षा उसका दशांश भी खर्च नहीं होता। शिक्षकों को मिलने वाला वेतन ऐसा नहीं जो आकर्षक हो। शिक्षकों के शैक्षणिक स्तर को सुधारने संवारने के लिए पुनश्चर्या कार्यक्रमों की कमी खलती है। शिक्षकों की भी इस बारे में अभिरूचि सकारात्मक नहीं। राजनेताओं की उपेक्षित दृष्टि और तबादली सोच इस व्यवस्था का भठ्ठा बिठाने में जिम्मेवार है। अपेक्षाएं बहुत हैं परन्तु उपेक्षाओं के चलते उनकी भरपाई संभव नहीं। तस्वीर बदलती दिखती नहीं। संभ्रातों के लिए संस्कृति-विद्यालय हैं। ऐसे विद्यालय जो लाखों वसूलते हैं। गरीबों के बच्चों के लिए संचालित विद्यालयों पर भी किसी न किसी रूप में धनिकों के बच्चे काबिज़ हो जाते हैं। इस देश में घड़ियाली आंसू बहाने की प्राचीन प्रथा विद्यमान है। फिर भी चाहे प्रणाली अंतोदय की हो या नवोदय की। इस देश में सब चलता हैं। इस 'चलता है' का नज़ला सर्वाधिक बाल-शिक्षण संस्थानों पर गिरता है।

अरस्तु ने ज्ञान के समस्त रूपों को जोड़ने, एक-दूसरे के पूरक रूप में देखने की बात कही थी। उनकी इस अवधारणा को ज़रा व्यापक रूप में समझने की कोशिश करें तो बाल-शिक्षा को समाज में विद्यमान समस्त इकाईयों से जोड़े जाने की जरूरत है। एक सूत्र दूसरे से जुड़ा रहता है। बच्चे को तो सबसे जुड़ना होना है। उसे सबका साथ चाहिए। सबका विश्वास चाहिए। किसी की भी नाराजगी नहीं चाहिए, तभी उसकी फुलवाड़ी का महकना, चहकना संभव दिखता है।

संतुलन, सम्मिलन, संगमन, समन्वय, सामञ्जस्य, साहश्चर्य, सौहार्द, पारस्परिकता की रीत, शांति-प्रेम-विश्वास, दया-क्षमा-विवेक-सहिष्णुता जैसे स्वरों का समवेत स्वरों से गायन संभव प्राय है, हज़ारों-हज़ारों हाथों का खुशी में ऊपर उठना संभव प्राय है—जब, सता, पक्ष की, आकाओं की, संस्कृति-कर्मियों की, धर्माचार्यों की दृष्टि, उनका रुझान इस ओर केन्द्रित हो जाए। उनके मस्तिष्क में बाल-शिक्षा को उन्नत उठाने का खाका खींच जाए। उनके दिमाग में यह बात घूस जाए कि नींव को छेड़ने से देश, समाज लड़खड़ा भी सकता है। श्रेष्ठ मूल्यों की नींव इन्हीं दिनों में पड़नी अपेक्षित है, बालपन के दिनों में, जिनमें अविकसित देशों में धराशयी करने के प्रयास किए जाते हैं ताकि राज करने के मार्ग में कोई व्यवधान न उपस्थिति हो, कोई अड़ंगा न उपस्थित हो। आखिर कुछ लोगों की उपेक्षा का अभिशाप नन्हें-नन्हें बच्चों क्यों झेलें। वे क्यों शापित हों? अपंगता को

दिव्यांगता का नाम देने से अभिशाप नहीं हटेगा, इस अभिशाप से मुक्ति सही तौर-तरीकों को ही ढूंढने से ही संभव प्राय होगी।

बच्चों को देश, समाज और विश्व की जरूरतों के मुताबिक संगठित करना जरूरी है लेकिन उसके लिए माध्यम विभेदक श्रेणी की धार्मिक सोच कतई न बने। पूर्व पश्चिम का पर्याय बने इसके लिए जरूरी है कि बच्चों को इनमें विभेद पैदा करने वाली संकीर्णताओं से दूर रखा जाए। बच्चे सारे वाद्य-यंत्र बजाए, जुड़ें, विश्व रंगमंच से जुड़ें, नृत्य-रूपों से जुड़ें, शिक्षण-पद्धतियों से जुड़ें विश्व रंगमंच से जुड़ें, विश्व सिनेमा से जुड़े, इसमें सन्निहित सौंदर्यबोध से जुड़े, समस्त कलाओं से जुड़ें, संप्रेषण के समस्त माध्यमों से जुड़ें, शिल्प विशेषतः हस्तशिल्प, ग्राम्य-शिल्प से जुड़े, सूचना-तंत्र से जुड़ें। उनका परिचय नई प्राद्योगिकी से भी होता रहे। बच्चों में निहित क्षमताओं का दोहन करने का शिक्षा-तंत्र में एक मजबूत जरिया विकसित हो। उसे प्रकृति माँ के साथ तादात्म्य स्थापित करने के अवसर हासिल हों। उसके भीतर सतत चलने वाला निर्माण का स्वर अंकुरित हो! बच्चा लोकरंग में रंगें। उसमें यह दृष्टिकोण घर कर बैठे कि सारे रंग अपने हैं। सारे मज़हब अपने हैं। तीज़-त्योहार अपने हैं। मर्यादाएं अपनी हैं। संस्कार अपने हैं। बच्चे के भीतर पिछड़ेपन की नहीं,, आगे बढ़ने की सोच जन्म ले। उसमें ऐसे करते हुए अहंता या अहमन्यता की बू भीतर प्रवेश न करे। वह जागृति के स्वर को समझे, स्वयं जागृत हो, दूसरों को जागृत करें। दह लड़ने के लिए न खेले, जोड़ने के लिए खेलें, जोड़ने के लिए पढ़े। वह वैचारिकता की दलदल में न फंसे। उसे इसमें फंसने न दिया जाए। वह श्रेष्ठ विचारों का हिस्सा बनें। उसका स्कूल कुछ ऐसा हो जिसमें उसे कुछ नया तलाशने, नया सृजित करने को मन करे।

'बच्चों का संसार' अंततोगत्वा भावनाओं का वह संसार है जिस पर भविष्य खड़ा है, समग्र मानवता का भविष्य। इसे बनाये-बचाये रखना सबका दायित्व है। इसे लेकर विश्व-मानवता को नयी पहल करने की जरूरत है। नये मंजर तलाशते रहने की जरूरत है। समस्त पूर्वाग्रहों से मुक्ति पाने की जरूरत है। विश्वविद्यालय से भी ज्यादा मजबूत ढांचा बनाने की जरूरत है। फासलों को मिटाए-हटाए जाने की जरूरत है। वर्णमाला के अक्षरों, ध्वनियों, संध्वनियों को नए सिरे से साधने की जरूरत है।

'बच्चों का संसार' कुछ ऐसा हो जिसमें वे अपनी भागीदारी सुनिश्चित कर सकें। अपने होने को जता सकें। इसके लिए जरूरी है कि उन्हें लताड़ने के बजाए ढाढस दिया जाए। उनके आगे मृगतृष्णाएं न परोसी जाएं। उनका इस्तेमाल

मृत्यु-दस्ते के रूप में न किया जाए। उन्हें खुल में मृत्यु का ग्रास बनने के लिए न छोड़ दिया जाए। उनके चोते नाकों को रूमाल से पोंछ दिया जाए। आखिर बच्चा तालीम पाने के लिए बना है, निःशुल्क तालीम पाने के लिए। लूटे जाने के लिए नहीं। उसे वही तालीम मिलनी जरूरी है जो संभ्रांत परिवार के बच्चे को। बच्चा प्रयोग की वस्तु नहीं है। वह प्रयोग का माध्यम भी नहीं। वह सस्ते में निपटाए जाने वाला विषय भी नहीं। वह विश्व-मानवता का भविष्य है। वह भविष्य की दिशा और दशा निर्धारित करने वाला है। उसके उन्नत होने से सारी कायनात उन्नत होगी। समस्त भुवनों में निखार आएगा। जल-प्लावन की जगह नवोदय का स्वर मुखरित होगा। सर्वत्र मंगल-वर्षा होगी- एक नई सृष्टि का आगमन होगा!

2
बच्चों का संसार

एक हो धरती

एक हो धरती
एक हो गगन
एक हो दुनिया
एक हो चमन

एक हो सुबह
एक हो निशा
एक हो विभा
एक हो फिजां

एक हो धर्म
एक हो कर्म
एक हो भाव
एक हो मर्म

एक हो विरासत
एक हो शियासत
एक हो सांझ
एक हो आहट।

सारी जमीं अपनी है

सारी जमीं अपनी है
सारा आकाश अपना है
सारी हरियाली अपनी है
सारी खुशहाली अपनी है

अपने सारे खेत खलिहान हैं
अपना सारा खुला वितान
सारी भाषाएं अपनी हैं
सारी जिज्ञासाएं अपनी हैं

सारे मज़हब अपने हैं
सारे करतब अपने हैं
सारे रंग अपने हैं
सारे ढंग अपने हैं

आकाश का सूरज अपना है
आकाश का चंदा अपना है
धरती की मस्जिद अपनी है
धरती का मंदिर अपना है।

नया चांद हो

नया चांद हो
नया हो सूरज
नयी धरती हो
नयी हो जगमग

सांझा गगन हो
सांझा चमन हो
नए भावों का
अंकुरण हो

नयी सुबह हो
नयी विभा हो
हर चेहरे पर
नयी आशा हो

दबी हुई मुस्कान न हो
दबी हुई पहचान न हो
दबा हुआ इन्सान न हो
दबा हुआ भगवान न हो

इक्का दुक्का चौका

इक्का दुक्का चौका
चीड़ी चौंकी कुत्ता भौंका
कोयल ने कूकी कू-कू
चला हवा का झोंका

रफ्ता रफ्ता चला फाख्ता
रफ्ता रफ्ता गिलहरी चली
रफ्ता रफ्ता चली हवा
रफ्ता रफ्ता तितली उड़ी

गूंजा शोर सारे चमन में
सारे चमन में छाई मस्ती
सबकी नजरें गड़ी गगन में
भूल गए सब अपनी हस्ती

देखते रह गए गेंद पींकू की
जिस पर मारा चींकू ने चौका
अगले गेंद पर पींकू की
मारा चींकू ने बांका छक्का

बागों से फूल लाओ

बागों से फूल लाओ
हंसी लाओ खुशी लाओ
हंसते हंसते
लोटपोट हो जाओ

एक दिन काम से छुट्टी पाओ
पिकनिक मनाओ
खाते खाते
लोटपोट हो जाओ

एक दिन घर में शोर मचाओ
अम्मा बापू को नचाओ
नाचते नाचते
लोटपोट हो जाओ

एक दिन नाना नानी को छेड़ो
एक दिन मामा मामी को छेड़ो
छेड़ते छेड़ते
लोटपोट हो जाओ

धार में धूप

धार में धूप
धूप में धार
मस्ती ही मस्ती
प्यार ही प्यार

बांसुरी की धुन
रस की फुहार
मिसरी ही मिसरी
प्यार ही प्यार

नदिया की ताल
तट से छेड़छाड़
खुशी ही खुशी
प्यार ही प्यार

पंछी की उड़ान
नभ का विस्तार
छवि ही छवि
प्यार ही प्यार

बंद झरोखों से निकलो

बंद झरोखों से निकलो
हवा में आओ ऽऽऽ
पंछी बन उड़ दो
पूरा आकाश बनाओ

बंद सींखचों को तोड़ो
खुले में आओ ऽऽऽ
नए सुर-स्वर में
स्वतन्त्रता गीत गाओ

पर्वत सा ऊंचा उठ लो
सागर से गहरा हो लो
नदिया की तरह बह लो
अपनी बात कह लो

खामोशियों को तोड़ो
अंधेरे को छोड़ो
उजाले का करो स्वाग
खुद उजाला हो लो।

जीवन को दो

जीवन को दो
पर्वत की ऊंचाई
सागर की गहराई
आम्रवन की अमराई

नदिया से लो स्वर
आगे आगे बढ़ने का
बाधाओं से लड़ने का
विजयी हो पार उतरने का

हवा से लो स्वर
उन्मुक्त स्वच्छन्द विचरने का
मादकता बटोरने का
शीतलता बिखेरने का

बगिया से लो स्वर
तारों की तरह मुस्कुराने का
उमस में खुशी लाने का
पंछी बन चहचहाने का

पढ़ना लिखना साथ साथ है

पढ़ना लिखना साथ साथ है
गिरना उठना साथ साथ है
चलना रूकना साथ साथ है
मंजिल पहुंचना साथ साथ है

बोझ उठाना साथ साथ है
कहकहा लगाना साथ साथ है
हंसना गाना साथ साथ है
गाना मुस्काना साथ साथ है

मस्ती लुटाना साथ साथ है
कश्ती बहाना साथ साथ है
रेल बन जाना साथ साथ है
खेल बन जाना साथ साथ है

रंग जमाना साथ साथ है
पतंग उड़ाना साथ साथ है
ठेला चलाना साथ साथ है
मेला रचाना साथ साथ है।

जीवन एक पथ है

जीवन एक पथ है
और हमको चलना है
फूलों सा हंसना है
तारों सा चमकना है

जीवन एक गीत है
और इसे गाना है
रोतों को हंसाना है
सबको साथ मिलाना है

जीवन एक दरिया है
इसे बहते जाना है
बाधाओं को सहना है
आगे बढ़ते रहना है।

जीवन एक दीप है
इसको पल पल जलना है
सबके लिए जलना है
राहगीर बनना है

नया चांद हो

नया चांद हो
नया सूरज हो
नयी दिशा हो
नयी सुबह हो

सब ओर जगमग हो
सब ओर उत्सव हो
सांझी डगर हो
सांझा सफर हो

दबी हुई मुस्कान न हो
चेहरे पर थकान न हो
गली-कूचे शैतान न हो
हर शख़्स बना भगवान न हो

होली की फुहारें हों
सावन के नज़ारे हों
दीवाली की मिठैया हो
ईद की सवैया हो।

एक नया संसार बनाएँ

आओ साथियों आओ,
एक नया संसार बनाएँ।
जिसमें छोटा बड़ा न हो,
ऐसा इक परिवार बनाएँ।

आओ साथियों आओ,
एक नया संगीत बजायें।
सरगम हो जिसकी मीठी,
एक ऐसा प्यार रचायें।

आओ साथियों आओ,
एक नया शब्द बनाएं।
अर्थ हो जिसका प्रेम,
उसे बार-बार दुहरायें।

अपना घर अपना होता

अपना घर अपना होता,
एक सच्चा सपना होता।
रोज़ लगता यहाँ मेला,
अपनों का लगता रंगरेला।

माता अपने हाथों सजाती,
मुनिया को गुड़िया बनाती।
बापू मेरे घोड़े बनते,
पर हैं हौले हौले चलते।

बच्चे होना कितना बड़ा है,
बड़े होना कितना छो़टा है।
बच्चे राजा होते हैं,
सबके दादा होते हैं।

गीत खुशी के गायें

आओ बच्चों गायें,
मिलजुल साथ गायें।
गीत खुशी के गायें,
मिलजुल साथ गायें।
आओ बच्चों गायें।

ईद, दीवाली मनायें,
मिलजुल साथ मनायें।
सबको गले लगायें,
मिलजुल हाथ बटायें।
आओ बच्चों गायें।

राम-रहीम एक बनायें,
मन्दिर-मस्जिद एक बनायें।
फूलों का गुलदस्ता बनायें,
अपने भारत को सजायें।
आओ बच्चों गायें।

चहुं ओर दीप जलायें
चहुं ओर रंग फैलायें
धरती का अंधेरा मिटायें
चहुं ओर जगमग लायें
आओ बच्चों गायें।

जीवन नहीं सपना बच्चो

जीवन नहीं सपना बच्चो!
जीवन नहीं सपना।
जीवन घर है अपना बच्चो,
जीवन घर है अपना।

इसमें सजते खेत खलिहान,
इसमें सजते हैं पकवान।
इसमें सजते सुर महान,
इसमें सजते जीवन गान।

सजते इसमें तीज त्योहार,
सजते इसमें घर के द्वार।
रामू के घर ईद सजती,
अली के घर आती बहार।

छुक! छुक! छुक!

रेल चली छुक छुक छुक।
देख नज़ारे छुक छुक छुक।
गाँव शहर छुक छुक छुक।
डगर डगर छुक छुक छुक।
छुक! छुक! छुक!

अब देखो मस्जिद आई है,
अब देखो गुरुद्वारा है।
एक लड़ी में सब गुँथें है,
सारा एक नज़ारा है।
छुक! छुक! छुक!

थोड़ी देर में यह देखो,
थोड़ी देर में यह भी देखो।
सबको साथ चलते देखो,
एक जहाँ बनते देखो।
छुक! छुक! छुक!

जन गण मन

जन गण मन
सब एक ही जन।
एक ही गगन,
जन गण मन।

एक ही भाषा,
एक ही उपवन।
एक ही राम,
एक ही रहिमन।
जन गण मन।

एक ही सुर,
एक ही नर्तन।
एक ही ताल,
एक ही गायन।
जन गण मन।

भानुमती की पिटारी है

मेरी एक अल्मारी है,
भानुमती की पिटारी है।
इसमें बैंड बाजा है,
इसमें रानी राजा है।

इसमें रेलगाड़ी है,
इसमें मालगाड़ी है।
इसमें एक ड्राइवर है,
इसमें एक सवारी है।

इसमें घर के बर्तन हैं,
इसमें होती टनाटन है।
इसमें गैस का चुल्हा है,
जिस पर पकता हलवा है।

अब हँसने की बारी है

हँसो मुनुआ हँसो,
अब हँसने की बारी है।
रोना-धोना हो गया,
अब हँसने की बारी है।

देखो, देखो हँसी आई,
मुनुआ ने छोड़ी रुलाई।
पिंकू हँसा टिंकू हँसा,
सबको हँसी आई।

अब तो तुम भी हँस दो मुनुआ,
छोड़ो व्यर्थ लड़ाई।
देखो ताया हँस रहा है,
देखो हँस रही है ताई।

लोटपोट हो जाओ

बाग़ों से फूल लाओ,
हँसी लाओ, खुशी लाओ।
हँसते हँसते,
लोटपोट हो जाओ।

स्कूल से छुट्टी पाओ,
पिकनिक मनाओ।
खाते खाते,
लोटपोट हो जाओ।

लौटो घर शोर मचाओ,
मम्मी डैडी को नचाओ।
नाचते नाचते,
लोटपोट हो जाओ।

दादा दादी को छेड़ो,
चाचा चाची को छेड़ो।
छेड़ते छेड़ते,
लोटपोट हो जाओ।

बबुआ

गुस्से में मत जलो रे बबुआ!
गुस्सा एक आग है।
आग जलाती है रे बबुआ!
करती सर्वनाश है।

छोटा बड़ा मत जानो बबुआ!
ऐसा मानना दोष है।
दोष बुरा होता है बबुआ!
लाता असंतोष है।

दूजों की राह न देखो बबुआ!
तुझे अपनी राह पे चलना है।
अपनी राह पे मिलेगी मंज़िल,
पूरा होना सपना है।

यह कैसा अन्याय है भैया

यह कैसा अन्याय है भैया!
टिंकू की जेब खाली है।
और तुम्हारी जेब रुपैया,
यह कैसा अन्याय है भैया!

तुम महलों में सोते हो,
मैं धरती पे सोता हूँ।
तुम दूध मलाई खाते हो,
मैं भूखे ही सोता हूँ।

यह कैसा अन्याय है भैया!
कब तक यों चलेगा भैया!
कब होगा हमरे भी दूध,
कब आएगी घर में गैया।

लौट आई चिठिया

लौट आई चिठिया,
मत घबराओ बिटिया।
पापा ज़रूर आएँगे,
ढेरों खिलौने लाएँगे।

गुड्डा गुडिया लाएँगे,
रेल-पटरी लाएँगे।
बंदर बाजा लाएँगे,
यमन का राजा लाएँगे।

एक हिंडोला लाएँगे,
झूमता झूला लाएँगे।
अपने लाडो के लिए,
सुन्दर राजा लाएँगे।

लाडो के लिए

लाडो के लिए
ढेर-सा प्यार।
लाडो के लिए
सपनों का बाजार।

लाडो के लिए
सारा आसमान।
लाडो के लिए
सारे अरमान।

लाडो के लिए
सारे-चांद सितारे
लाडो के लिए
ये सारे गुब्बारे।

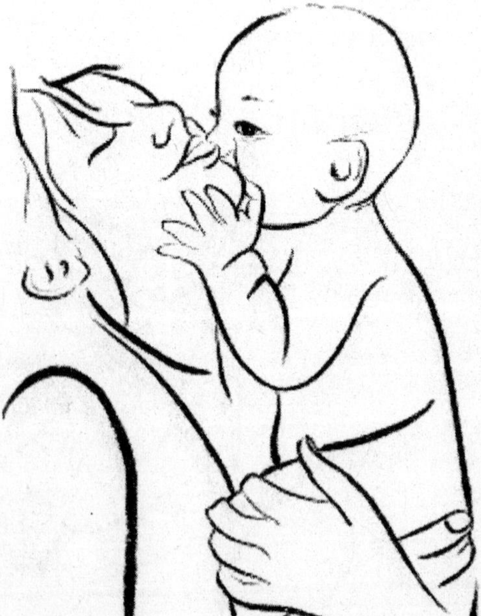

सिकुड़ती सीमाएं

नन्हा-सा बच्चा,
छाती से चिपकाए
माता-पिता एक,
सीमा पे आए।

दोनों तरफ थे,
लोग ही लोग।
लगा हुआ था,
मिलने का रोग।

दूर ही से देखते,
पास कैसे मिलते।
दोनों तरफ के,
थे दिल धड़कते।

नन्हा-सा बच्चा,
ज़िद्द है करता।
सीमा पार जाने,
को है मचलता।

और सीमाएँ सिकुड़ जाती हैं

मां बच्चे को,
पुचकारती है।
तत्पश्चात् वह,
दुत्कारती है।

पर बच्चे की,
ज़िद्द है भारी।
दोनों तरफ है,
सख्त पहरेदारी।

बच्चे की चीख,
फैल जाती है।
और सीमाएँ
सिकुड़ जाती हैं।

मैं हूँ!

मैं हूँ, मैं हूँ,
मम्मा का बेटा मैं हूँ
मैं हूँ, मैं हूँ
पापा का बेटा मैं हूँ
मैं हूँ!

मैं हूँ, मैं हूँ
दादा का लाडला मैं हूँ
मैं हूँ, मैं हूँ
दादी का लाडला मैं हूँ
मैं हूँ!

मैं हूँ, मैं हूँ
मोटू का साथी मैं हूँ
मैं हूँ, मैं हूँ
छोटू का हाथी मैं हूँ
मैं हूँ!

मैं हूँ, मैं हूँ
मैं सबसे बतियाता हूँ
मैं हूँ, मैं हूँ
मैं काम में हाथ बटाता हूँ
मैं हूँ!

माँ मेरी माँ

माँ मेरी माँ!

सच कहो माँ
तुम यहां हो
या हो कहाँ

माँ मेरी माँ!

माँ मेरी माँ
सच कहो माँ
तुम क्षितिज हो
या हो आशियाँ

माँ मेरी माँ!

माँ मेरी माँ
सच कहो माँ
तुम संस्कृति हो
या हो परम्परा

माँ मेरी माँ!

माँ मेरी माँ
सच कहो माँ
तुम एक हो
या हो पूरा जहाँ

सच कहो माँ!

माँ मेरी माँ
सच कहो माँ
तुम आँचल हो
या आसमां

सच कहो माँ!

माँ मेरी माँ
सच कहो माँ
तुम पहेली हो
या हो दास्ताँ

सच कहो माँ!

मेरा एक सपना है

मेरा एक सपना है,
खूबसूरत सपना है।
हरा-भरा गाँव है,
शांति का ठाँव है।

खेत हैं खलिहान हैं,
मेहनतकश किसान हैं।
जीवन को देते गान हैं,
भू का करते कल्याण हैं।

मेरा एक सपना है,
तारों भरा आकाश है
चहुँ ओर प्रकाश है,
आशा और विश्वास है।

कितना मज़ा हो...

मस्ती का
आलम हो
न बिछुड़ने को
मन हो

हर घड़ी
सावन हो
फूलों से सजा
उपवन हो

मधुवन हो
वृंदावन हो
परीत की बांसुरी से
गाता आंगन हो

ताल तलैया हो
कृष्ण कन्हैया हो
नंद बाबा हो
यशोदा मैया हो

न कंस हो
न रावण हो
ब्रजभूमि हो
जुध्या का आंगन हो

नीला पीला लाल हरा

आसमान का रंग नीला-नीला,
डाल का पंछी नीला-नीला।
दरिया का रंग नीला-नीला,
राधा का आंचल नीला-नीला।

बाग का मौसम पीला-पीला,
बैसाखी का आलम पीला-पीला।
शाख पे पंछी पीला-पीला,
कान्हा का आंचल पीला-पीला।

धूली बेला लाल-लाल,
मीठा शरबत लाल-लाल।
चुनरी का रंग लाल-लाल,
बाग़ों में फूल लाल-लाल।

जंगल में मंगल हरा-हरा,
खुशी में घर हरा-हरा।
पत्तों का रंग हरा-हरा,
तोते का रंग हरा-हरा।

चारों तरफ़ शोर मचा

नीला, पीला लाल हरा,
मौसम को निखार चढ़ा।
खुशियों से झूमा आसमान,
नाच उठा सारा जहान।

नीला, पीला, लाल, हरा,
पँखुड़ियों पर रात का पहरा।
स्पर्श सूरज की किरण का पा,
जाग उठती सोई धरा।

नीला, पीला, लाल, हरा,
छँट गया देखो कोहरा।
एक नई रौनक आई,
चारों तरफ़ शोर मचा।

जैसलमेर के

जैसलमेर के
उन्नत किले के
मचान पर
पंछियों से ठके
आसमान पर
मचा शोर है
उड़ती
रेतीली आंधी है
छायी
घटा घनघोर है
किले का विचित्र
कैसा खेल है
मानो धरा-गगन का
मेल है
समझो तो
कोई तमाशा है
मरूस्थल में भी
आशा है
सारा का सारा
खेल है
यह सब उसका
खेल है
जिंदगी भी तो
खेल है
चलती-फिरती
रेल है

सारी दुनिया तुम्हारी है

सारी दुनिया तुम्हारी है
यह एक फुलवारी है।
इसमें और फूल खिलाओ,
हँसो और हँसाओ।

रोना इसमें मना है,
यह सबसे कहना है।
गोल-गप्पा खाने की,
अब तुम्हारी बारी है।

खोना इसमें मना है,
यह सबसे कहना है
मलाई बरफ खाने की,
अब तुम्हारी बारी है।

गोरैया

जो गोरैया गाती थी
रोज छप्पर पर आती थी
आज कहीं वह खो गई है
दूजी दुनिया की हो गई है

उसे ढूंढ कर लाना है
घर-आंगन सजाना है
भावों को आबाद कराना है
भावों को आज़ाद कराना है

आओ बहना गोरैया
ना न कहना गोरैया
डाल डाल पर चहको-महको
सबको चहकाओ गोरैया

तुम चंदा मामा की दुलारी हो
तुम सूरज चाचू की प्यारी हो
तुम डाल डाल पर इतराती हो
सुबह-सवेरे हर्षाती हो

मुरगा बांग देता है
तुम्हें आने को कहता है
दूर देश से आ जाओ
रिश्ते का कोहरा हटा जाओ

किताब आगे हो

जिन्दगी की दौड़ में
किताब आगे हो।
विचारों की दौड़ में
किताब आगे हो।

किताब हो एक झरना,
बहे क्षण-प्रति-क्षण।
समता की दौड़ में,
किताब आगे हो।

किताब हो एक रचना
भाये मन-हर-मन
भावना की दौड़ में,
किताब आगे हो।

बच्चा है तो सच्चा है

जो सच्चा है
वह बच्चा है
वह समय की परिभाषा है
वह अंधकार में आशा है

बच्चा है तभी तो वह
पासा नहीं फेंकता
बच्चा है तभी तो वह
निराशा में नहीं रेंगता

बच्चा है तभी तो वह
सब कुछ जानना चाहता है
बच्चा है तभी तो वह
पैरों पर खड़ना चाहता है

बच्चा है तभी तो वह
एक पूरा देश है
बच्चा है तभी तो वह
एक मुकम्मल संदेश है

इसीलिए कहता हूं
सब बच्चे बनो सच्चे बनो
तिमिर हटाओ रौशनी लाओ
उजाला बनो आदर्श बनो

झिलमिल तारे

झिलमिली झिलमिल तारे,
साथी सखा हमारे।
दूर हैं ये आँखों से,
फिर भी सखा हमारे।

कितने सुन्दर, कितने प्यारे
इनसे सजते कितने नजारे
कितने सुन्दर, कितने प्यारे
इनसे बनते कितने नजारे

सबको इक जैसे दिखते हैं
सभी जगह एक-से खिलते हैं
ले लाओ इन्हें पास अपने,
पूर्ण हों धरती के सपने।

आज

आज जो आज है
उसको कल मत जानो
कल कभी न आएगा
आज का मूल्य पहचानो

मत सोचो :
कल पूरा करूंगा
अधूरा काम :
कल पूरा करूंगा

ऐसा सोचे, सूरज तो
क्या होगा, सोचो तो
ऐसा सोचे धरा-गगन तो
क्या होगा सोचो तो

क्या होगा जो ठहरे पवन तो
क्या होगा ठहरे नदी तट पर तो
क्या होगा जो न आए ज्वार-भाटा तो
क्या होगा जो छा जाए सन्नाटा तो

सच कहता हूं आज को जानो
आज को अपना धर्म मानो
आज को अपना कर्म मानो
आज को जीवन का मर्म मानो

गांव को मुक्त करो

गांवों को मुक्त करो
दुषित हवाओं से मुक्त करो
विपरीत फ़िज़ाओं से मुक्त करो
आपदाओं से मुक्त करो

राजनीति से मुक्त करो
रणनीति से मुक्त करो
शोषण की रीति से मुक्त करो
कुपोषण की रीति से मुक्त करो

जूठन की रीति से मुक्त करो
टूटन की रीति से मुक्त करो
घुटन की रीति से मुक्त करो
लूटन की रीति से मुक्त करो

गांवों को मुक्त करो
आरोपित विचारों से मुक्त करो
गांवों को मुक्त करो
आरोपित आधारों से मुक्त करो

संसार संवारो! परिवार संवारो!

संवारो :
अपना संसार संवारो
अपने हाथों अपना
परिवार संवारो

पाओ :
मुक्ति पाओ
जूठन से मुक्ति पाओ
कूढ़न से मुक्ति पाओ

करो :
अपने हाथों श्रृंगार करो
गांव को आगे बढ़ने को
तैयार करो

बनो :
ठहरावों के लिए प्रहार बनो
नयी चेतना नयी लहर का
आधार बनो

कितना मज़ा हो

कितना मज़ा हो
ऐसा सब हो
कितना मज़ा हो
मेला सजा हो

कितना मज़ा हो
कोकिला की मदमाती कूक हो
कितना मज़ा हो
फाके की हर्षाती हूक हो

कितना मज़ा हो
हर तरफ नई नवेली भोर हो
कितना मज़ा हो
हर तरफ पंछियों का शोर हो

कितना मज़ा हो
इठलाती मैना हो
कितना मज़ा हो
बलखाती रैना हो

मिट्ठू मियां की
अटखेलियां हो
तरू-शाखा पर
भूल-भूलैया हो।

प्यार ही प्यार

धूप में धूप
धूप में धार।
मस्ती ही मस्ती
प्यार ही प्यार

बाँसुरी की धुन
रस की फुहार।
मिसरी ही मिसरी
प्यार ही प्यार।

पंछी की उड़ान,
नभ का विस्तार।
छवि ही छवि,
प्यार ही प्यार।

जागृति की वेला!

देखो :
आई जागृति की बेला!
रचा हुआ
एक नया मेला

एक नयी फ़िजां
एक नयी हवा
एक नयी दुनिया
एक नया आशियां

देखो :
आई जागृति की वेला!
मानो किसी ने
फेरा रेला

मिटता धुआं
आती विभा
चहुं ओर
छाती विभा

आगे बढ़ो ताकि...

आगे बढ़ो
ताकि संवरे धरती
पढ़ लिख कर
निखरे धरती

आगे बढ़ो
ताकि बदलें अर्थ
खत्म हों
सारे अनर्थ

आगे बढ़ो
ताकि महके धरती
आगे बढ़ो
ताकि चहके धरती

आगे बढ़ो
ताकि मिटे अंधेरा
आगे बढ़ो
ताकि आए सवेरा

मीठी मीठी

मीठी मीठी
सरगम हो
हल्की हल्की
रिमझिम हो

हर तरफ
वासंतिक वेला हो
लगा हुआ
कोई मेला हो

झूला हो
ताल तलैया हो
बापू हो
साथ में मैया हो

राधा हो
कृष्ण कन्हैया हो
ब्रज हो
रास रसैया हो

मदमाती पुरवैया हो
रंभाती गैया मैया हो
मीठी मीठी सेवइयाँ हो
बलखाती बलैया हो

बज उठी सरगम

बज उठी सरगम
भूले सारे गम
नाचते-गाते
शोर मचाते
निकल पड़े
सड़कों पर हम

सबके चेहरों पर
रौनक छाई
रौनक देख
नाचा हलवाई

उसने सारे
लड्डू मंगवाए
सब बच्चों में
बराबर बँटवाए

मीठा खाके
मीठा बोलो
सबके जीवन में
मिसरी घोलो
यह जीवन का
सार है भैया
यही सत्य है
नहीं रूपैया

मैं नहीं जानता

कैसे जानूं कौन सही है
मैं बड़ों की भाषा नहीं जानता
मंदिर मस्जिद दो क्युं हैं
मैं इस अंतर को नहीं जानता

क्युं मरते हैं लोग
क्युं मारते हैं लोग
कैसे जीते-मरते हैं लोग
मैं इस सच को नहीं जानता

मुझे सुन्दर चीजें सुन्दर लगती हैं
मुझे सुन्दर चीजें सुन्दर दिखती हैं
मुझे सुन्दर चीजें ही भाती हैं
मैं कलम कलम का फर्क नहीं जानता

राम रहीम मेरे अपने हैं
यीशू नानक मेरे अपने हैं
ईद दीवाली मेरे अपने हैं
मैं अपने पराये का फर्क नहीं जानता।

मैं जानता हूं चहचहाना
मैं जानता हूं गुनगुनाना
मैं जिंदगी में रस घोलना जानता हूं
मैं ज़हर फैलाना नहीं जानता

नयी वेला है

नयी वेला है
गोधूलि जैसी
दिवस निशा के
मिलनी जैसी

बीच में युग का
ठहराव है
अंगड़ाई लेता
मेरा गांव है

प्रश्नों के अम्बार
खड़े हैं
नए अर्थ इनसे
जुड़े हैं

नए शब्द
नए भाव है
नयी संस्कृति
नए पड़ाव हैं

एक नयी रौशनी आई

एक नयी रौशनी आई
जागी गांव की सारी तरूणाई
जागा गांव का सोया ताऊ
जागी गांव की सोयी ताई

एक नयी रौशनी आई
सोये गांव ने ली अंगड़ाई
चेतना की फुहार बरसाई
ज्ञान की गंगा बह आई

गांव का चौपाल सज्ज गया
गांव का गोपाल सज्ज गया
गांव का हर बाल सज्ज गया
गांव का भाल सज्ज गया

साक्षरता की आंधी से
निरक्षरता का कलंक मिट गया
नए भावों के आगमन से
पुरानों से पिंड छूट गया

एक नयी आवाज़ हो

सम समाज हो
जनता का राज़ हो
उसके सिर पे ताज़ हो
एक नयी आवाज़ हो

टूटें विषमता के
सारे बंधन
टूटें पीड़ा के सुर
भावों के क्रंदन

जुड़ें सूत्र से सूत्र
सुशोभित हो नारी
सौ में तैंतीस की तुम
बनो सच्ची अधिकारी

तुमसे आए परिवर्तन
क्षण क्षण क्षण
गूंजें नए गीत
गूंजें नयी गूंजन

मैं संदेश हूं!

मैं बालक हूं
मैं साधक हूं
मैं धरती हूं
मैं फलक हूं

मैं चंदा हूं
मैं आसमां हूं
मैं सूरज हूं
मैं पूरा जहां हूं

मैं कहां नहीं हूं
मैं क्यों नहीं हूं
मैं भरा-पूरा हूं
मैं खाली नहीं हूं

मैं बदली हूं
भिगोता धरती हूं
मैं खुशी हूं
रचाता नई सृष्टि हूं

मैं हटाता दुःख हूं
मिटाता कलेश हूं
भगाता द्वेष हूं
देता संदेश हूं

ज़मीन उर्वरा हो!

ज़मीन उर्वरा हो
विचार हर खरा हो
साम्य वसुंधरा हो
इसमें सबका बसेरा हो

बच्चों के लिए
झूल्ले हों
बच्चों के लिए
मेले हों
मेले में पींछें हों
मेले में गाना हो
मेल में आना हो
मेल में जाना हो

बाग हों भरे भरे
फूलों से लदे लदे
तितलियों का आना हो
पंछियों का गाना हो

यहां स्वर कोई रूके नहीं
भाव कोई झूके नहीं
हर फ़िज़ां हरी-भरी
धरती संवरी संवरी

सभी रंग उसके हैं

सभी रंग उसके हैं
सभी रंग अच्छे हैं
सभी रंग सच्चे हैं
सभी रंग बच्चे हैं

कोई पृशा कोई आशा है
कोई हेमंत है कोई बसंत है
कोई आश्वी है कोई यशस्वी
कोई अनन्या कोई जाह्नवी है

इन रंगों में जब
सजता इन्द्रधनुष है
तभी प्रकृति में
छाता हर्ष है

तभी मेले लगते हैं
मेलों में लोग सजते हैं
रंग-बिरंगे परिधानों में
रंग ही रंग बिखरते हैं

तभी ईद-दीवाली सजती है
खेतों में हरियाली सजती है
होली के रंगों में रंगे लोगों में
खुशहाली सजती है

आवाज़ बनो

नए वक्त की
आवाज़ बनो
गीत बनो
साज़ बनो

अब न दबो
ऊपर उठो
सरताज़ बनो
जहाज़ बनो

झुग्गे-झोंपड़े को उठाओ
किसान मजदूर को जगाओ
अलखू के घर द्वीप जलाओ
कातकु को क ख ग पढ़ाओ

तोड़ो ओठों की सिलाई
अब के बनी हो तुम तिहाई
अब के पंचायत को सजाओ
गांव में सवेरा लाओ

सारा आकाश अपना है

सारी ज़मीं अपनी है,
सारा आकाश अपना है।
सारी नसलें अपनी हैं,
सारी फसलें अपनी हैं।

सारे मज़हब अपने हैं,
सारे ही रब अपने हैं।
मंदिर सारे अपने हैं,
गुरूद्वारे अपने हैं।

गीता का ज्ञान अपना है,
बाइबल-कुरान अपना है।
सारा जहान अपना है,
भारत महान अपना है।

एक नयी तरुणाई लाओ!

एक नयी तरुणाई लाओ
निरक्षरता का भूत हटाओ
एक नयी अंगड़ाई लाओ
साक्षरता का दीप जलाओ

कुहलों में पानी लाओ
पानी में नाव चलाओ
नाव को बहने दो
पानी को चलने दो

नाती को पढ़ने दो
नानी को पढ़ने दो
सोपान चढ़ने दो
कीर्तिमान बनने दो

नयी संस्कृति लाओ
सब को एक साथ जगाओ
नयी संस्कृति लाओ
सब को एक साथ पढ़ाओ

प्रश्न करो
प्रश्नों की बौछार करो

प्रश्न करो
प्रश्नों की बौछार करो
यूं ही सब
न स्वीकार करो

ऐसा क्यूं है
यह जानो?
ऐसा क्यूं नहीं है
यह भी जानो?

भीखू के घर में क्यों है अंधेरा?
नेता के घर में क्यों है सवेरा?
उसके बिन बसंत में भी क्यूं निखार है?
वहां बसंत में भी क्यूं लुटता घर बार है?

सत्ता से पूछो
ऐसा क्यूं है?
आदमी और आदमी में
फर्क क्यूं है?

मिठ्ठू

मिठ्ठू उड़े डाल डाल
और मचाएं खूब धमाल
हरी-पीली आकृति पर
छा जाए मस्ती कमाल

प्रिय मैना को आवाज लगाए
आओ मिल कर गाना गाएं
नन्हें बबूआ को हर्षाएं
गुड़िया के रोने को भगाएं

तोता कहे मैना से
ढलती रात की रैना में
चलो अभी कहीं छिप जाएं
फिर नई भोर में उठ जाएं

मैना कहे तोते से
मैं हरी मिरच लाती हूं
तुम भी खाओ मैं भी खाऊं
मुफ्त में गीत सुनाती हूं

मैना कहे तोते से
कोई नयी रागिनी बजा दो
इस पतझड़ी मौसम में
रिमझिम वर्षा बरसा दो

शहर से दूर चलो!

चलो मैना शहर से दूर
नदिया के किनारे के
पेड़ पर चहचहाते हैं
शहर की बदबूदार
हवा की घूटन से
स्वयं को बचाते हैं

चलो मैना शहर से दूर
ऐसी जगह जहां परीत हो
कण कण में संगीत हो
डाली डाली पे गीत हो

चलो मैना शहर से दूर
जहां अपनी भी जाति हो
जहां अपनी रंगत हो
जो हमको खूब भाती हो

चलो मैना शहर से दूर
जहां अपनी पहचान हो
जहां अपने होने का इल्म हो
जहां अपनी आन-बान-शान हो

जहां अपना
धरम हो
जहां अपना
करम हो

जहां के धर्म
अपने हो
जहां के सपने
अपने हों

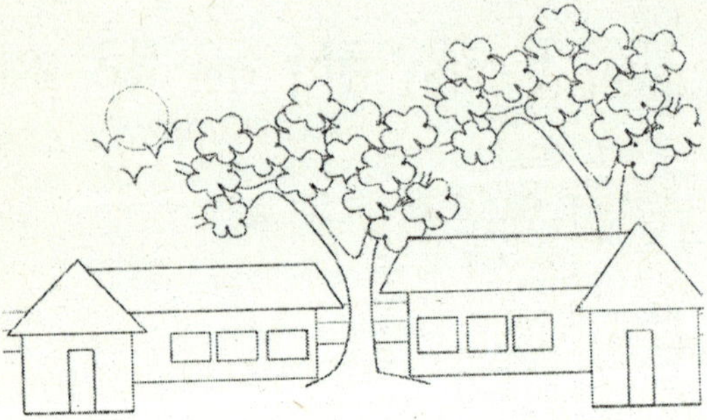

जहां
सभी आज़ाद हो
जहां
न कोई बरबाद हो

जहां
न जिंदाबाद हो
जहां
न मूर्दाबाद हो

जहां
मित्र हों
शत्रु न हों
जहाँ
जुड़ाव हो
विघटन न हों

आओ पेड़ की छांव तले बैठें हम तुम

आओ पेड़ की छांव तले बैठें हम तुम
बैठें हम तुम
और निहारें कुदरत को गुमसुम गुमसुम
गुमसुम गुमसुम

आंखमिचौली कर लें क्षण भर
अपने से जी भर लें क्षण भर
गुमसुम गुमसुम
गुमसुम गुमसुम

बन जाए पंछी हम तुम हम तुम
आकाश में उड़ लें हम तुम हम तुम
गुमसुम गुमसुम
गुमसुम गुमसुम

ठहरी हुई स्वतंत्रता को महसूसें हम तुम
घड़ी भर के लिए स्वतंत्र हो लें हम तुम
गुमसुम गुमसुम
गुमसुम गुमसुम

आओ कर लें प्रकृति से छेड़छाड़

आओ कर लें प्रकृति से छेड़छाड़
प्यार भरी छेड़छाड़
इसकी शाखाओं पे डोलें
इसके जल में मुख धो लें
इसके अंतर में छिप लें
चुटकी लें और हंस लें

आओ बनाएं किसी कोने पर
अपना एक घरबार
अपना एक परिवार
अपना एक संसार

आओ यहां महसूस करें
अपनी भीतर का कोलाहल
अपने भीतर की हलचल

आओ यहां महसूस करें
अपने भीतर की शांति
बनकर इसकी पांति

सो जा सो जा नन्हीं गुड़िया

सो जा सो जा नन्हीं गुड़िया
ऐसी निंदिया मौसी का कहना
सो के देखो सुनहरे सपने
बाग बगीचा सुन्दर सलौना

देखो देखा मेला देखो
रचा हुआ रंगरेला देखो
गुड्डा देखो गुड़िया देखो
सबको झूलते झूला देखो

देखो नाचती दुनिया देखो
देखो गाती दुनिया देखो
लोगों को गले मिलते देखो
मंदिर मस्जिद जुड़ते देखो

देखो देखो बंद न हो जाए
सपनों का यह संसार
देखो देखो उठ न जाए मेला
न पड़ जाए फिर फिर दरार।

प्यारी परी

प्यारी परी कुछ ऐसा बतलाओ
कि मन बाग बाग हो जाए
प्यारी परी कुछ ऐसा मंत्र बतलाओ
कि सारा पहाड़ा याद हो जाए

प्यारी परी कुछ ऐसा सुनाओ
कि रोम रोम खिल जाए
प्यारी परी कोई ऐसा खेल खेलाओ
बिना हारे बिना जीते मज़ा आ जाए

प्यारी परी ऐसी पींघ झुलाओ
कि सब जगह मस्ती छा जाए
प्यारी परी ऐसी लोरी सुनाओ
मीठी मीठी नींद आ जाए

प्यारी परी ऐसी कथा सुनाओ
कि सबका दिल बहल जाए
प्यारी परी अपनी छड़ी घुमाओ
कि दुख पीड़ा सब छू मंतर हो जाए

प्यारी परी मेरे साथ नाचो
प्यारी परी मेरे साथ गाओ
मुझको जीने की कला सिखलाओ
मुझको जीने का मर्म समझाओ

सजा दो रे

जीवन के बदरंगे रंगों में
कविता का रंग सजा दो रे!
बदरंगे बने मौसमों में
बासंती बयार बुला दो रे!

गुर्राते लोगों को
कान्हा की बांसुरी सुना दो रे
भड़काती भीड़ों को
नानक की वाणी सुना दो रे!

गोलियों से हांकते लोगों को
दरवेशों की भाषा सुना दो रे
ज़ख्म खाए लोगों पे
ढाई आखर का मलहम लगा दो रे!

इक मिट्टी में रहने वालों को
मिट्टी का पाठ पढ़ा दो रे
बेरंगे हुए लोगों पे
होली का रंग बिखरा दो रे!

राही को राह दिखा दो रे
भूखे को रोटी खिला दो रे
नंगे को वस्त्र पहना दो रे
गरीबों को फलक दिला दो रे

इका दूका चौका

इका दूका चौका,
चीड़ी चौंकी, कुत्ता भौंका।
कोयल कूकी कू कू,
चला हवा का झोंका।

रफ्ता रफ्ता चली फाख्ता,
रफ्ता रफ्ता गिलहरी चली।
रफ्ता रफ्ता चली हवा,
रफ्ता रफ्ता तितली उड़ी।

देखते रहे सब गेंद पिंकू की,
जिस पर मारा चिंकू ने चौका।
अगले गेंद पर पिंकू की,
मारा चिंकू ने छक्का।

गांव को दो ठांव

गांव को दो ठांव
मातृत्व की छांव
भावना का पड़ाव
करुणा का स्राव

विकास को विस्तार
मानवता का आधार
श्रद्धा का आकाश
आशा और विश्वास

साक्षरता की अलख
सत्य की ओर रुख
चेतना की आंधी
बुद्ध और गांधी

सबको घरबार
समता और प्यार
एक नयी युक्ति
शोषण से मुक्ति

एक नया समाज बनाओ!

प्रवेश द्वारा बनो
नव विचार बनो
आधार बनो
—बहनों!

खुद सीखो
दूजों को सीखाओ
नए वक्त का
चलन बताओ

खुद पढ़ो
दूजों को पढ़ाओ
क ख ग से
निरक्षरता मिटाओ

अपने हाथों
अलख जगाओ
एक नया
समाज बनाओ

बधाई है! बधाई है!

नयी रौशनी आई है
निरक्षरता से आखिरी
लड़ाई है
मंगल की वेला आई है
बधाई है! बधाई है!

अब के कोई
राजा नहीं
शतरंज का
प्यादा नहीं

अब के कोई
रानी नहीं
विकटोरिया नहीं
महारानी नहीं

पूर्वा ने भेरी सुनाई है
प्राची ने वीणा बजाई है
नवयुग ने ली अंगड़ाई है
बधाई है! बधाई है!

चूपी तोड़े

गिलहरी से कहें
छिप जाओ
तोते से कहें
गीत गाओ

कोकिला से कहें
गुनगुनाओ
मेंढक से कहें
चूप हो जाओ

आओ खेलें खेल
बन जाएं सब रेल
छक छक दुनिया
घूम आये
सब के लिए
खिलौने लायें

मस्ती में नाचे
मस्ती में गायें
गले मिलें सब
ईद मनायें

ईद मनायें
वैर मगाएं
मीठा बोलें
सेवैयां खायें

दीवाली को
अंधेरा भगायें
अपने भीतर
दीप जगायें

दीवाली को
अंधेरा हटायें
अन्दर-बाहर
दीप जगायें

दीवाली को
मीठा बोलें
दीवाली को
मीठा खायें

होली को
गुलाल लगायें
होली में
रंगों से नहायें

मस्ती में झूमें
मस्ती में गायें
सुस्ती हटायें
चुस्ती लायें

मैं हूँ!

मैं हूँ, मैं हूँ
मैं समय पर सो जाता हूँ
मैं हूँ, मैं हूँ
मैं सुबह-सवेरे उठ जाता हूँ

मैं हूँ, मैं हूँ
मैं पढ़ता हूँ, लिखता हूँ
मैं हूँ, मैं हूँ
मैं खेलता हूँ, गाता हूँ

मैं हूँ, मैं हूँ
मैं पंछियों संग गाता हूँ
मैं हूँ, मैं हूँ
मैं गिलहरी को नचाता हूँ

मैं हूँ, मैं हूँ
मेरा सबसे एक नाता है
मैं हूँ, मैं हूँ
मेरी सब में आस्था है

मैं हूँ, मैं हूँ
भारत मेरा घर है
मैं हूँ, मैं हूँ
भारत मेरी डगर है
मैं हूँ।

पेड़ और गैया

गैया माँ
दूध देती है
अमृत सा
दूध देती है

गैया माँ
कामधेनु है
जो सबका
दुःख हरती है

पेड़ों में
देवों का बसेरा है
नीचे पाताल ऊपर गगन
मध्य में धरा है

इसी धरा पर
पेड़ खड़ा है
अटल-अडिग
हिमवत खड़ा है

सबको जानो
सबको मानो
सबमें अपनी
छवि पहचानो

इस सरोवर में

यह दिव्य सरोवर है
इसमें कंकड़ पत्थर हैं
इस सरोवर में ढूंढ़ो तो
इसमें मोती प्रखर हैं

इस पर्वत के आगे
दरिया है
दरिया के आगे
गैया है

गैया मेरी मैया है
गैया सबकी मैया है
गैया कामधेनु है
गैया सबकी खवैया है

धरती से ऊपर
आसमान है
आसमान से ऊपर
एक और जहान है

वहां न तो
हिन्दुस्तान है
वहां न ही
पाकिस्तान है

नव सृजन हो!

नव सृजन हो
इति क्रंदन हो
जन जन का
अभिनंदन हो!

खुलें प्रगति के द्वार
आए प्रगति घर-द्वार
खुशहाली-हरियाली का
करें मिलजुल सत्कार

कर्म बने सेतु
धर्म बने सेतु
मानवता हेतु
विजयनी हेतु

नूतनता से
नव परिचय हो
जन जन का
अभ्युदय हो

मेरा गांव : शांति का पड़ाव

मेरा गांव
शांति का पड़ाव
आ रहा
इसमें बदलाव

अब के सोचते हैं लोग
अब के जानते हैं लोग
पंचायत नहीं पांच जन
बल्कि परिवर्तन का माध्यम

पंचायत : एक नया विचार
पंचायत : गांव की सरकार
खुलेंगे जिससे बंद किवाड़
आएगी प्रगति घर-द्वार

नहीं रुकेंगे लोग अब
नहीं लूटेंगे लोग अब
नहीं टूटेंगे लोग अब
नहीं झूकेंगे लोग अब

जय जय हिन्दुस्तान!

गणतंत्र हमारा विधान
अशोक चक्र हमारा निशान
तिरंगा हमारी शान
सर्वधर्म हमारी पहचान
जय जय हिन्दुस्तान!

वेश अनेक देश एक
भाषाएं अनेक भाव एक
संस्कृतियां अनेक स्वर एक
प्रांत अनेक देश एक
जातियां अनेक जात एक
भांतियां अनेक पांत एक
किश्तियां अनेक
खेवनहार एक
सबकी एक पहचान
जय जय हिन्दुस्तान!

सब दिशाओं में एक भान
सब आत्माओं में एक प्राण
सब में आलोकित शब्द एक
हिन्दुस्तान! हिन्दुस्तान!
जय जय हिन्दुस्तान!

रेल बनें हम!

रेल बने हम
रेल बने हमें
बन्धन की भाषा तोड़ें
मेल करें हम

बाग बगीचे जो भी दिखें
सबको हर्षायें
खेत खलिहान जो भी दिखें
खिलना सिखलाएं
मयूर-मृदंग कीट-पतंग जो भी दिखें
नाचना सिखलाएं
हल चलाते किसान
श्रम का महत्त्व समझाएं
शस्त्र थामे जवान
कर्म का मर्म बताएं

भांति-भांति के
इन्सान दिखे
सबमें एक
भगवान दिखें
सबमें एक
अरमान दिखे
डर से भागता
शैतान दिखे

एक नया संसार रचो

एक नया आकार रचो
एक नया विचार रचो
एक नया व्यवहार रचो
एक नया संसार रचो

एक नयी आशा रचो
एक नयी भाषा रचो
एक नयी जिज्ञासा रचो
एक नयी परिभाषा रचो

एक नया संगीत रचो
एक नया गीत रचो
एक नयी रीत रचो
एक नयी प्रीत रचो

एक नया आकाश रचो
एक नया विश्वास रचो
एक नया हुल्लास रचो
एक नया मधुमास रचो

शब्द की नाक बचाओ

शब्द को
सही अर्थ दिलाओ
शब्द को
और न भटकाओ

अलि हरि को
एक अर्थ दो
लिली सुंदरी को
एक अर्थ दो

शब्द को
जाति-धर्म से ऊपर उठाओ
शब्द को
समय की धार बनाओ

शब्द से
कुम्हार की चाक बनाओ
शब्द से
शब्द की नाक बचाओ

रेल दौडायें

खूब दौड़ायें
मंदिर मस्जिद देख के सबके
चेहरे खिल जाएं
बाग-बगीचे देख के सबके
चेहरे खिल जाएं
खेत खलिहान देख के सबके
चेहरे खिल जाएं
भांति भांति के इन्सान देख के सबके
चेहरे खिल जाएं
हिन्दू-मुसलमान साथ देख के सबके
चेहरे खिल जाएं
सिख-बौद्ध-क्रिस्तान देख के सबके
चेहरे खिल जाएं
सबमें एक इन्सान देख के सबके
चेहरे खिल जाएं
ध्यान अजान
गीता कुरान
गुरू ग्रंथ महान सबको एक जान सबके
चेहरे खिल जाएं
आओ हम सब रेल बन जाएं
भेद मिटायें
सबको हर्षायें
एक माला एक पांति बन हम
अपनी रेल को खूब दौड़ाए
उन्नत भारत की दिव्य कांति बन
सबको जीने का सबक सिखाएं

आओ बन जाएं रेल

आओ खेलें खेल
बन जायें रेल
रेल दौड़ाएं
सीटी बजाएं
धुआं उड़ाएं
सब मिल जाएं
एक हो जाएं
मंदिर-मस्जिद
जो भी दिखें
सब एक हो जाएं
अपने सारे भेद भुलायें
सब एक हो जाएं
लड्डू-सेवैयां मिल-बांट खायें
सब एक हो जाएं
सबकी मंजिल एक हो जाए
सब एक हो जाएं
सबका लक्ष्य एक हो जाएं
सब एक हो जाएं
सबका पक्ष एक हो जाएं
सब एक हो जाएं
सबमें एक अलख जगे
सब एक हो जाएं
सबके भीतर की कालिख मिटे
सब एक हो जाएं

नया सवेरा आया है

दासता की कड़ियां टूटीं
समता की फूहार फूटी
सबने नया बसेरा पाया है
नया सवेरा आया है

खेत खलिहाल जागे हैं
धरती के इंसान जागे हैं
सबने सबसे प्यार पाया है
नया सवेरा आया है

नर जागा है
नारी जागी है
नवयुग से परिचय पाया है
नया सवेरा आया है

पुरानी सारी लीकें टूटीं
पुरानी सारी रीतें टूटीं
सबने नया विचार पाया है
नया सवेरा आया है

माँ

माँ मेरी माँ
सच कहो माँ
तुम हिन्दू हो
या हो मुसलमाँ

सच कहो माँ!

माँ मेरी माँ
सच कहो माँ
तुम जमीं हो
या हो आसमाँ

सच कहो माँ!

माँ मेरी माँ
सच कहो माँ
तुम फरिश्ता हो
या हो गुलस्ताँ!

सच कहो माँ!

रंग

बागों में फैली हरियाली
शाखाओं पे बिखरी लाली
आसमान का रंग नीला है
परागकणों का रंग पीला है

चारों ओर कितने रंग है
इन रंगों के कितने ढंग है
चारों ओर रंगों का शोर
सुन हो जाता मन विभोर

नीला कहे मैं सबसे अच्छा
राधा को लगता हूं अच्छा
पीला कहे मैं सबसे अच्छा
कान्हा को लगता हूं अच्छा

शंकर को काला
गौरी को श्वेत भाता है
सच कहूं तो उस मालिक का
सब रंगों से नाता है

यह दुनिया रंग-बिरंगी है
तभी तो यह चंगी है
झगड़ते हैं जब रहने वाले
तब लगती बदरंगी है

जय जय हिन्दुस्तान!

गणतंत्र हमारा विधान
अशोक चक्र हमारा निशान
तिरँगा हमारी शान
सर्व धर्म हमारी पहचान
जय जय हिन्दुस्तान!

वेश अनेक देश एक
भाषाएं अनेक भाव एक
संस्कृतियां अनेक स्वर एक
प्रांत अनेक देश एक
जातियां अनेक जात एक
भांतियां अनेक पांत एक
किश्तियां अनेक
खेवनहार एक
सबकी एक पहचान
जय जय हिन्दुस्तान!

सब दिशाओं में एक भान
सब आत्माओं में एक प्राण
सब में आलोकित शब्द एक
हिन्दुस्तान! हिन्दुस्तान!
जय जय हिन्दुस्तान!

यह कैसा बस्ता है

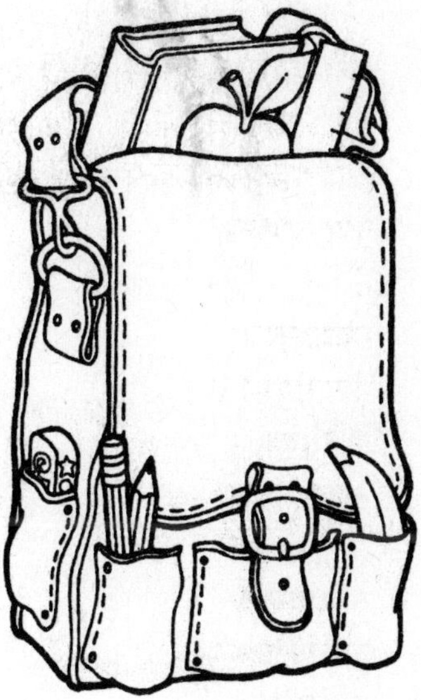

बोलो, यह कैसा बस्ता है,
बच्चू की हालत खस्ता है।
आधे रस्ते में रोता है,
आधे रस्ते में हँसता है।

इसमें ज्ञान-विज्ञान है,
यह स्कूल की शान है।
चलती, फिरती दुकान है
दुकान बड़ी महान है।

इसके अन्दर भाषा है,
अदभुत-अजब तमाशा है।
इक गाने की किताब है,
इक में भरा हिसाब है।

नया सूरज

झूमी धरती
झूमा आकाश
नयी रौशनी
नया विश्वास

नया सूरज
नया प्रकाश
नई सुबह
नया विश्वास

सारा संसार
एक परिवार
एक परिवेश
एक विचार

एक गगन
एक चमन
एक हृदय
एक धड़कन

बंधन नहीं उपवन हो

बंधन नहीं उपवन हो
फूलों से सजा जीवन हो
खण्डन नहीं चिंतन हो
विचारों का मंथन हो

भाषाएं समय की प्रहरी हों
वर्ग धर्म से ऊपर उठी हों
मज़हब समाज की शक्ति हों
शक्ति ही सच्ची भक्ति हो

धरा गगन सब अपने हों
इनमें पलते सपने हों
मंदिर के सारे मज़हब हों
जुड़ते इनसे जनगण हों

न वर्णों के बंधन हों
न नस्लों के बंधन हों
न रंगों के बंधन हों
बन्धन नहीं उपवन हों

नफरत के मिटें बादल

नफरत के मिटें बादल
स्नेह की वर्षा से भीगें हम
इससे धरणी में आए
रिमझिम रिमझिम रिमझिम

मंदिर मस्जिद साथ खड़ें
एक दूजे से प्यार करें
शस्त्र उठें न, शास्त्र उठें न
एक दूजे का न संहार करें

सभ्यता का न खण्डन हो
संस्कृति का न मण्डन हो
सद्भावना हो, सम्मिलन हो
एक से दूजे का मिलन हो

नई नई मीनारें न हों
नई नई दीवारें न हों
हर चेहरे पर खिला हुआ हो
नव आशा का कल

खुली हवा में आओ

खुली हवा में आओ
खुल कर हंसो गाओ
आज तुम्हारा है
कल भी तुम्हारा है

पंछी की तरह उड़ लो
पंछी की तरह सुर दो
सारा वितान तुम्हारा है
सारा जहान तुम्हारा है

नदिया की तरह बह लो
अपनी बात कह लो
हर धर्म तुम्हारा है
हर कर्म तुम्हारा है

पर्वत सा ऊंचा उठो
सागर सा गहरा बनो
वर्तमान तुम्हारा है
भावी भविष्य तुम्हारा है

मनके हार के हम

मनके हार के हम
न हिन्दू न मुस्लिम
हमसे सजता है
सारा का सारा आलम

मनके हार के हम
न हिन्दू न मुस्लिम
हम से खिलता है
सारा का सारा चमन

मनके हार के हम
न हिन्दू न मुस्लिम
हमसे निखरता है
सारा का सारा सावन

मनके हार के हम
न हिन्दू न मुस्लिम
हमसे संवरता है
सारा का सारा गुलशन

देखो देखो सपने

देखो देखो सपने
सपने बनें अपने
बुनो बुनो सपने
पूरे हो जाएं सपने

सपने देखो
धरती की खुशहाली के
जनता के ऊपर उठने के
जनता के भाग्य संवरने के

सपने देखो
चेतना के उन्नत होने के
अपनी अस्मिता बदलने के
अपने पैरों पर खड़ने के

सपने देखो
और चढ़ों शिखर
आकाश को छूओ
पहुंच ऊपर

हो सृजन! हो सृजन!

नवगीत का
हो सृजन
नव रीत का
हो सृजन

हाथों में
जग उठे मशाल
क्रांति की लपटें
लाल लाल

धरती की शोभा
हरी हरी
खेतों में सरसों
भरी भरी

आकाश में परचम
जन जन का
धरती पे नाचे यौवन
जन जन का